COMO SINTONIZAR SEU NEGÓCIO COM O $UCESSO

MÁRCIO MITIDIERI

COMO SINTONIZAR SEU NEGÓCIO COM O $UCESSO

COMO EMPREENDER UTILIZANDO A LEI DA ATRAÇÃO E AS FERRAMENTAS DA ADMINISTRAÇÃO DE FORMA FÁCIL.

partners coerência

DIREÇÃO EDITORIAL
Lilian Vaccaro

PRODUÇÃO GRÁFICA
Giovanna Vaccaro

PREPARAÇÃO
Raquel Escobar
Kaio Rodrigues

REVISÃO
Kaio Rodrigues

CAPA
Décio Gomes

DIAGRAMAÇÃO
Michael Vasconcelos

DADOS INTERNACIONAIS DE CATALOGAÇÃO NA PUBLICAÇÃO (CIP)

Mitidieri, Márcio.
Como sintonizar o seu negócio com o sucesso / Márcio Mitidieri. – 1ª edição – São Paulo: Coerência, 2021

ISBN: 978-65-87068-66-4

1. Aperfeiçoamento pessoal e análise. 2. Sucesso. I. Título.

CDD: 158.1

Grupo Editorial coerência

partners coerência

São Paulo
Avenida Paulista, 326,
cj 84 - Bela Vista
São Paulo | SP – 01.310-902
www.editoracoerencia.com.br

DEDICATÓRIA

Dedico este livro a todos os empreendedores que estão se descobrindo e que, como eu, desejam utilizar todas as ferramentas necessárias, tanto de administração quanto de energia, para romper paradigmas de sua caminhada.

Aos meus filhos, que me acompanham nas lutas diárias e que estão ao meu lado nas conquistas e nos momentos desafiadores em que, se não tivermos determinação e foco, tudo parece perdido. É nesses momentos que somos tomados por uma força para remover qualquer obstáculo e nunca retroceder.

SUMÁRIO

“

Cuidado com o que pensa, pois pode
se transformar em realidade.

Márcio Mitidieri

”

INTRODUÇÃO

Ao longo dos mais de 25 anos desta minha caminhada como consultor, vivenciei várias experiências preciosas sobre a maneira de fazer empreendedorismo nas mais diversas regiões deste nosso país. Quero lhe mostrar que existe uma maneira de dirigir empresas com fundamentos na Teoria da Administração e também na Lei da Atração.

Todas as colocações feitas neste livro se baseiam em minha experiência pessoal e no que pude tirar de melhor de toda a minha carreira e de minha vida pessoal. São conceitos que coloquei em prática ao longo de anos de vivência empresarial e que fizeram diferença tanto para mim quanto para as empresas para as quais prestei serviços.

Muitos não sabem que a Lei da Atração e a Teoria da Administração estão interligadas e que, portanto, podem ajudar a lidar com as dificuldades que surgirem no gerenciar do seu negócio

Percebi que conseguimos realizar tudo aquilo que pensamos e em que colocamos energia. No entanto, nem todo mundo tem perseverança, de modo que muitos acabam desistindo no meio da caminhada. Também notei que várias empresas tinham inúmeras ferramentas, indicadores e técnicas administrativas, mas ainda assim não conseguiam obter o sucesso tão almejado.

O QUE ESTARIA ACONTECENDO?

De um lado, pessoas com conhecimentos técnicos de administração eram acompanhadas de excelentes consultores e, ainda assim, não obtinham resultados; de outro, pessoas que tinham grandes pensamentos, mas nenhuma técnica acadêmica ou estudos formais, conseguiram se tornar milionárias.

Essa interligação pode não ser clara em um primeiro momento, mas está presente em tudo! Com técnica e pensamento positivo você se torna imbatível.

Para que se consiga um ambiente energético que converse com a abundância, você tem que fiscalizar seu foco o tempo todo. Quando mantemos o pensamento em nosso objetivo, nós nos esforçamos mais para consegui-lo. Devemos, portanto, escrever no papel o que queremos e nos manter firmes e constantes até a conquista.

Vale ressaltar que este livro é um relato de minhas experiências práticas relacionadas à Teoria da Administração. Esta obra não possui pretensões políticas, cientificas ou religiosas, e está longe de atender aos anseios de empreendedores de palco ou candidatos a concursos públicos sobre o mundo "pseudo-utópico" do empreendedorismo.

Este livro é, sim, para aqueles heróis que possuem a disposição, o foco e a ousadia necessários para entender que tudo o que aprenderam até hoje pode ser colocado em xeque, desafiado por pensamentos que realmente vão impulsionar você para que realize seus sonhos por meio do empreendedorismo.

Estou falando de uma maneira agradável de conduzir os negócios. Estou falando de menos ansiedade na tomada de decisões, de enxergar novos caminhos em erros do passado e aprender a aceitar situações que não estão sob nosso controle.

Tudo isso para que possamos realizar nossos sonhos. Afinal, seu empreendimento realiza os seus sonhos ou os de outros (fornecedores, funcionários, sócios)?

O seu trabalho não precisa ser desperdiçado em uma conta de resultado zero, onde alguns têm a sensação de realização e outros sofrem de depressão, ansiedade, aperto financeiro.

Quero mostrar como a mentalidade das pessoas — se modificada da maneira correta; e, depois, irradiada da maneira correta — faz com que uma organização de medíocres se torne vencedora. Faz o martírio virar terapia. O aperto financeiro se tornar abundância.

Sua empresa pode ser, sim, uma fábrica de sonhos. Pode ser a fábrica do *seu* sonho.

1

FORÇA DA ATRAÇÃO

"A Lei da Atração pode ser definida da seguinte maneira: Atraio para a minha vida qualquer coisa à qual dedico atenção, energia e concentração, seja ela positiva ou negativa."

Emilce Shrividya Starling

Os sentimentos positivos nos deixam completamente focados em nossa meta; os negativos nos desviam completamente dela. Temos que tentar manter o equilíbrio emocional para não nos desviarmos dos objetivos.

O que faz uma pessoa feliz não é apenas aquilo que ela possui, mas principalmente aquilo que ela sente. E se nos permitíssemos sentir todos os pensamentos positivos que se passam em nossa mente?

Quantas vezes nos permitimos sentir de forma duradoura emoções positivas?

Pense. Somos capazes de carregar rancor por pessoas durante anos, perder o sono por ansiedade. Lembrar com facilidade de memórias negativas, pois as deixamos nos marcar.

Por que não podemos, então, carregar felicidade duradoura? Perder uma noite de sono por alegria?

O grande problema é que temos uma facilidade enorme para expressar nossos sentimentos quando estamos tristes ou extremamente nervosos. **Essa vibração é tão forte** que acaba atraindo com maior facilidade coisas que despertam tristeza ou raiva. Esse é o fato!

Realmente, não é uma tarefa fácil, e não é à toa que doenças como depressão e ansiedade afligem milhões de pessoas anualmente.

A capacidade de conviver com incerteza e julgamento nas dezenas de decisões que tomamos todos os dias está intimamente ligada à voz na cabeça de cada um.

É essa voz que faz a maioria das escolhas por você, sem que necessariamente tenha as melhores informações para tomar certa decisão.

No âmbito estatístico, toda medida possui uma incerteza; porém, como dito anteriormente, poucas são as vezes em que temos dados para medir essa incerteza, e é aí que entram nossas crenças e valores.

QUAL A SOLUÇÃO?

Temos que aprender a vibrar quando estamos felizes e conseguimos atingir nossas metas ou objetivos.

Eu estava visitando um cliente em um projeto no norte de Minas. Essa consultoria foi uma das mais difíceis que já realizei, pois meu contratante tinha enorme resistência a tudo o que lhe era apresentado para implantação: coisas que em outro lugar eram rápidas, lá pareciam demorar anos.

Impressionante: a cada sugestão, uma reclamação e uma justificativa do porquê era impossível e não daria certo. Essa postura contaminava a todos, de modo que era perceptível um grande desequilíbrio na vida daquele cliente, tanto no setor pessoal quanto no empresarial.

Entenda com esse exemplo que a pessoa que reclama não consegue chegar ao seu objetivo e ainda atrapalha os demais. Só conseguimos romper com a negatividade ao nos abrirmos a sugestões. Afinal, quando não se faz nada, qualquer ação é melhor que nenhuma ação, ao passo que uma pessoa que atinge sucessivamente suas metas está ocupada demais mantendo o seu foco para se preocupar com desculpas.

Disso tudo podemos tirar uma grande lição: "enquanto alguns choram ou reclamam, temos outros vendendo lenços". Este é o princípio do empreendedorismo: a busca pela solução de uma necessidade.

E que bom que existem problemas! Se encontramos uma necessidade, podemos vender uma solução. E para encontrar tal solução o primeiro passo é equilibrar as nossas energias, *pois somos seres humanos e, como tal, temos que respeitar determinadas regras: o pensamento positivo e o foco no que queremos. A Lei da Atração começa aí, com suas metas claras.*

Somos uma antena que atrai tudo! Não podemos subestimar a força do nosso pensamento. O maior problema é encontrarmos a frequência correta.

É mais fácil sintonizarmos e atrairmos energia negativa, pois pensar positivo é tarefa complicada.

Somos influenciados o tempo todo. É muito bom fofocar, falar mal ou desacreditar as pessoas no dia a dia.

Ao assistir à TV, ao ler as postagens nas redes sociais ou ao ouvir o rádio, estamos sendo bombardeados por notícias negativas e *fake news*. A maioria das notícias está direcionada a esse contexto.

Tudo é uma questão de sentimento. Se você pensa positivo, atrai coisa positiva; se pensa negativo, atrai coisa negativa. Entenda a quais energias negativas você fica exposto e se afaste delas.

Então, enquanto empresário, tenho que manter um equilíbrio, e é lógico que, quando estamos naquela pressão para cobrir o cheque especial ou pagar aquela conta, temos que focar na solução e não no problema.

Se nos deixarmos abater por essa situação, as coisas tendem a piorar. Viramos um para-raios de negatividade, e tudo começa a acontecer de uma vez.

Quanto mais pensamos, mais atraímos. Seja bom ou ruim.

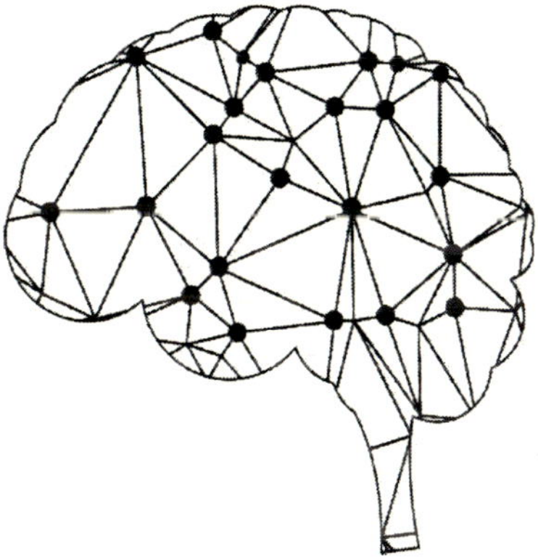

Primeiro precisamos equilibrar nossas energias. Devemos analisar como o nosso ambiente e nosso círculo de convivência nos induzem ou nos enviam sentimentos positivos.

Por isso é importante comemorar as vitórias. Você fixa o sentimento e uma marcante memória positiva. Comece a cultivar o hábito de celebrar as pequenas vitórias!

As pessoas compõem o ambiente de trabalho e lugares que você visita. Então, se você não se sente bem nos lugares que frequenta, por certo existe um desequilíbrio em alguém nesse lugar. Essas pessoas devem ser identificadas e gradativamente afastadas do local, ou você deve deixar de frequentá-lo; se não for possível, evite ou minimize o contato com essas pessoas que identificou.

Nossa rotina também nos diz muito sobre que tipo de energia recebemos. Você come bem? Dorme bem? Tem tempo para si mesmo?

Para o equilíbrio emocional, é fundamental termos tempo para as diversas áreas de nossa vida:

- Social;
- profissional;
- espiritual;
- familiar;
- pessoal.

Quando não há gerenciamento dos recursos (tempo) dedicados a cada uma dessas áreas, não há como se atingir um equilíbrio que nos permitirá focar em nossas metas. Sem equilíbrio, o universo não poderá lhe dar as oportunidades, e nem você poderá percebê-las.

Ter uma meta clara é fundamental para quem quer realizar. Como pode uma pessoa fazer uma venda com tantos pensamentos negativos na cabeça? É preciso estar focado e motivado.

Sabemos que, para vender, a pessoa precisa saber lidar com o "não", pois, no processo de vendas, é o que mais ouvimos.

Então conseguimos entender que temos que buscar o tempo todo um equilíbrio em nossa vida, e mentalizar constantemente as nossas metas.

Na Teoria da Administração, quando queremos atingir uma meta, fazemos um planejamento. Esse planejamento é uma materialização física do seu objetivo escrito.

Se você é uma pessoa emocionalmente equilibrada, consegue ressoar com as frequências positivas do universo. Um pensamento com origem em uma pessoa equilibrada pode dar origem a um planejamento muito mais efetivo e a resultados muito mais abundantes, pois já sabemos que o resultado já está lá.

Se podemos sonhar, podemos realizar. Esse paralelo com a Lei da Atração e as ferramentas da administração por metas é o elo chave para colocarmos nossos planos em prática.

A FÉ QUE MOVE TUDO!

Nas passagens bíblicas já podemos ver exemplos da fé que move tudo. Na parábola em que Pedro vê Jesus caminhado sobre as águas, Jesus pede que ele vá a seu encontro; porém, no meio do caminho, Pedro começa afundar, então Jesus fala: **"Homem de pouca fé".**

> *E o barco estava já no meio do mar, açoitado pelas ondas; porque o vento era contrário;*
>
> *Mas, à quarta vigília da noite, dirigiu-se Jesus para eles, andando por cima do mar.*
>
> *E os discípulos, vendo-o andando sobre o mar, assustaram-se, dizendo: É um fantasma. E gritaram com medo.*
>
> *Jesus, porém, lhes falou logo, dizendo: Tende bom ânimo, sou eu, não temais.*
>
> *E respondeu-lhe Pedro, e disse: Senhor, se és tu, manda-me ir ter contigo por cima das águas.*
>
> *E ele disse: Vem. E Pedro, descendo do barco, andou sobre as águas para ir ter com Jesus.*
>
> *Mas, sentindo o vento forte, teve medo; e, começando a ir para o fundo, clamou, dizendo: Senhor, salva-me!*
>
> *E logo Jesus, estendendo a mão, segurou-o e disse-lhe: Homem de pouca fé, por que duvidaste?*
>
> *Mateus 14:24-25*

Mesmo você não sendo cristão, já deve ter escutado essa história alguma vez na vida.

O fato é que, em situações adversas, nós nos desesperamos e tendemos a não acreditar nos acontecimentos à nossa volta.

No entanto, quando nos dispomos a tomar atitudes extremas, coisas incríveis tendem a acontecer.

A incredulidade das pessoas, junto à falta de vibração positiva, exerce uma força negativa estrondosa sobre o indivíduo, e manter a sintonia exige muito comprometimento.

Você pode se perguntar o motivo pelo qual mencionei essa passagem, já que o cunho deste livro não é religioso e a motivação deste subcapitulo não é fazer você refletir sobre o cristianismo. Quando falo de fé, é da fé que o impulsiona a lutar.

Ter fé significa não duvidar. Acreditar implica uma atitude contrária à dúvida e está intimamente ligada à confiança.

O que é seu já está garantido. Você tem que ter fé inabalável que o seu objetivo já está conquistado e que os altos e baixos são apenas um caminho para lhe testar. Tal como Pedro, que não acreditou que poderia andar também sobre as águas, sendo que Jesus já lhe havia garantido. Desta forma, no primeiro obstáculo que surgiu, Pedro afundou.

Em algumas situações, como problemas emocionais ou físicos, ter fé significa ter esperança de que algo vai mudar de forma positiva, para melhor. E isso já é um grande passo para a mudança para a direção certa.

Quem é que, como Pedro, não viveu situações de desafio, de medo? Quem nunca foi tentado e provado em todos os âmbitos de sua vida?

Somos desafiados, mas é a fé que nos faz caminhar e retomar o eixo de nossas vidas. Pois o universo fica a favor daqueles que têm fé.

Trace metas e vá além delas. Mostre o seu serviço e o seu esforço, a sua vontade de crescer...

Márcio Mitidieri

ENTENDA UM POUCO MAIS SOBRE ESSE CAPÍTULO DIRETAMENTE DO AUTOR ESCANEANDO AQUI!

Capítulo 01

2

PRINCIPAIS FERRAMENTAS

PLANEJAMENTO ESTRATÉGICO

Na Lei da Atração, as formas de atrair são: **escrever**, **vibrar** e **sentir** tudo o que queremos conquistar. A habilidade de planejar está intimamente ligada a isso!

Se um pensamento com vibração positiva é emitido por uma pessoa emocionalmente equilibrada, o universo vibra a seu favor.

Quando um pensamento é escrito em forma de meta, e esta meta é sentida profundamente como já atingida, só nos resta ter fé e ser inabaláveis durante o caminho. Podemos usar esses conceitos para planejar atividades a longo prazo para nossa vida e para nosso negócio de maneira a sintonizá-lo com o sucesso.

O grande problema é quando fazemos um planejamento estratégico e esquecemos de torná-lo participativo para que todos possam contribuir, pois "o ser humano valoriza o que ajudou a construir".

Para tornar reais os nossos sonhos, precisamos escrevê-los e deixá-los em evidência. Essa é a ação mais importante, pois sem saber para onde vamos, qualquer caminho serve. Você precisa ter uma visão clara da linha de chegada, que é formada pelas suas metas.

Todos dentro da organização devem estar na mesma vibração e refletindo para o universo o objetivo comum.

Damos início ao planejamento definindo os pontos a seguir.

MISSÃO

Trata-se de uma afirmação assertiva em que a organização expressa seus objetivos e suas responsabilidades com a clientela. Tal afirmação orienta a organização rumo a seus objetivos humanos, sociais e financeiros.

Para a elaboração de uma missão completa, responder às questões a seguir vai ajudar você a definir ou entender a missão de sua empresa ou sua missão.

RESPONDA A SEGUIR COM BASE EM SUA EMPRESA OU NEGÓCIO:

1 — Por que a empresa existe?

____

____

____

____

____

____

2 — O que a empresa faz?

3 — Para quem faz?

RESPONDA ÀS PERGUNTAS A SEGUIR COM CALMA E REFLEXÃO. LEMBRE QUE É ESCREVENDO QUE AS METAS SE REALIZAM.

1 — Por que você faz o que faz?

2 — O que você faz bem e os outros não fazem?

____

____

____

____

____

____

3 — O que se sente bem fazendo?

____

____

____

____

____

____

Entender o que realmente significa sua missão pode te dar uma base de pensamentos úteis para a tomada de decisões. Fazer ações que vão contra a sua missão, por outro lado, é algo que te distancia do seu sonho. Você tem que ser coerente com o que almeja.

Sua missão também tem que ser um guia, atuando para te auxiliar na tomada de decisões no dia a dia.

Se você colocar ações em seu planejamento estratégico que vão contra sua missão, seu planejamento será negativo e não dará certo a longo prazo.

Manter o foco na missão e vivê-la a fundo torna a execução de seu sonho mais suave e tranquilo.

O QUE É A MISSÃO PARA:

TEORIA DA ADMINISTRAÇÃO:	LEI DA ATRAÇÃO:	ENERGIA E FOCO:
Direciona todos os colaboradores à filosofia do fundador da empresa.	Pensamento claro em nosso propósito e em nossa escrita. Seguir fielmente o que queremos e onde queremos chegar.	É a inspiração. O desafio principal é conseguir que todos estejam vibrando na mesma sintonia para que as metas sejam atingidas.

VISÃO

A visão é o mais importante. Juntamente com a Lei da Atração, devemos inspirar a todos e deixar claro onde queremos chegar. É a visão que delimita as conquistas ansiadas pela empresa, esclarecendo qual é a participação do indivíduo e do grupo.

Temos que engajar todos os funcionários e deixá-los na mesma vibração da empresa. Como pode um rádio querer mandar sinal em vários canais diferentes e em várias frequências? Não vai dar certo; o que vai acontecer é atrasar todo o processo de crescimento de foco.

Usualmente, a visão de uma empresa está disposta em frases sucintas, realistas e inspiradoras, transmitindo a motivação necessária à execução dos objetivos propostos.

PARA CONCEBER A VISÃO DE UMA ORGANIZAÇÃO, É PRECISO RESPONDER TRÊS PERGUNTAS DE FORMA SIMPLES:

1 — O que a empresa quer se tornar?

____

____

____

____

____

____

2 — Onde ela quer estar em alguns anos?

____

____

____

____

____

____

3 — O que está sendo construído para a concretização dessa visão?

____

____

____

____

____

____

O QUE É VISÃO PARA:

TEORIA DA ADMINISTRAÇÃO:	LEI DA ATRAÇÃO:	ENERGIA E FOCO:
Nos remete a uma posição futura desejada.	Tendo você como antena, este sinal único será amplificado. Um conjunto de antenas não pode estar ligado a frequências diferentes se quisermos evitar algo inevitável.	Aplicação diária da melhoria contínua rumo ao objetivo.

“

É preciso se atrever para
conseguir ser grande.

Márcio Mitidieri

”

ALGUNS EXEMPLOS DE MISSÃO E VISÃO

WALMART

Missão: vender por menos para as pessoas viverem melhor.

Visão: ser o melhor varejista do Brasil na mente e no coração dos consumidores e funcionários.

Fonte: Wallmart

TOYOTA

Missão: ser a empresa de maior credibilidade do mercado de movimentação de materiais, oferecendo as melhores soluções aos nossos clientes.

Visão: consolidar nossa inquestionável qualidade global dos produtos e serviços, em uma posição de líder de mercado.

Fonte: Toyota

APPLE

Missão: comprometida a levar a melhor experiência de computação pessoal a estudantes, educadores, profissionais criativos e consumidores do mundo todo através de seu hardware, software e serviços de internet inovadores.

Visão: produzir produtos de alta qualidade e fácil uso que incorporem alta tecnologia para o indivíduo, provando que alta tecnologia não precisa ser intimidadora para aqueles que não são *experts* em computação.

Fonte: Apple

NIKE

Missão: vender artigos esportivos buscando inovação tecnológica para proporcionar conforto a seus clientes.

Visão: ser uma referência em artigos esportivos mantendo assim um vínculo com qualidade de vida e de pessoas.

Fonte: Nike

DISNEY

Missão: fazer as pessoas felizes.

Visão: criar um mundo onde todos possam se sentir crianças.

Fonte: Disney

NATURA

Missão: promover o Bem-Estar-Bem.

Visão: por seu comportamento empresarial, pela qualidade das relações que estabelece e por seus produtos e serviços, será uma marca de expressão mundial, identificada com a comunidade das pessoas que se comprometem com a construção de um mundo melhor através da melhor relação consigo mesmas, com o outro, com a natureza da qual fazem parte e com o todo.

Fonte: Natura

PRINCÍPIOS OU VALORES DE UMA ORGANIZAÇÃO

Para muitos, os princípios delimitam nosso pensar.

Temos de estar atentos ao definir os princípios de nossas empresas para que crenças limitantes não lhe sejam atribuídas sem querer e acabem atravancando ou cerceando o crescimento.

Estamos em uma questão muito importante. Podemos dizer que os princípios de uma empresa são tão importantes para seus fundadores e funcionários quanto os mandamentos são para os cristãos.

Devemos tomar cuidado para transmitir claramente os nossos valores, pois isso estabelece as expectativas da empresa para o comportamento de seus colaboradores e serve de base para a criação de um manual de conduta a ser seguido por todos na empresa.

ALGUNS EXEMPLOS DE VALORES

WALMART

- Respeito ao indivíduo, seja funcionário, cliente, fornecedor ou membro da comunidade em geral, independentemente de etnia, gênero ou orientação sexual.
- Atendimento ao cliente, superando as expectativas de nossos consumidores.
- Busca pela excelência, inovando sempre na seleção e promoção de produtos e serviços.

Fonte: Wallmart

- **SEGURANÇA E QUALIDADE:** sabemos que segurança é fundamental para todas as atividades corporativas. Nós entendemos que segurança nos locais de trabalho é essencial para manter a qualidade de nossos produtos e serviços. Nós buscamos o mais alto nível de qualidade em ordem para exceder as expectativas de nossos clientes.
- **CLIENTE EM 1º LUGAR:** provemos produtos e serviços inovadores, seguros, de alta qualidade, atendendo às mais diversas demandas de nossos clientes.
- **TRABALHO EM EQUIPE E GESTÃO DE PESSOAS:** respeitamos um ao outro pelo trabalho em equipe e buscamos um ambiente familiar. Entendemos que a valorização da excelência profissional para todos os funcionários promove o crescimento da companhia.
- **KAIZEN – MELHORIA CONTÍNUA:** sempre consideramos a melhoria de nossos trabalhos, e não hesitamos em mudar para melhor.
- **CIDADANIA CORPORATIVA:** nossos negócios respeitam a cultura, os costumes, a história e as leis de nossas comunidades locais e são sempre conduzidos com ética. A intenção de crescimento da companhia é ascender em harmonia com o meio ambiente, minimizando assim os impactos de nossa operação; promover e se comprometer com atividades de contribuição social, fortalecendo a comunidade local e contribuindo para seu enriquecimento.
- **DESAFIO:** mantemos visão de longo prazo e enfrentamos todos os desafios com coragem e criatividade para realizar visão.
- **GENCHI GENBUTSU:** procuramos a causa raiz dos problemas, aprofundamos nossas análises e compreensão, baseados em fatos, para tomarmos decisões corretas.

- **SENSO DE RESPONSABILIDADE:** temos consciência das nossas obrigações. Nossos compromissos são realizados a tempo e com qualidade.

  Fonte: Toyota

APPLE

- Inovação;
- qualidade e excelência;
- simplicidade é melhor que complexidade;
- aquisição vertical;
- qualidade é melhor do que quantidade (num portfólio);
- colaboração e polinização cruzada;
- responsabilidade social e ambiental.

  Fonte: Apple

NIKE

- Empresa inovadora que proporciona modernidade, atendendo assim à necessidade do público.

  Fonte: Nike

DISNEY

- Não ceticismo;
- criatividade, sonhos e imaginação;
- atenção fanática aos detalhes;
- preservação e controle da magia Disney.

  Fonte: Disney

NATURA

- A vida é um encadeamento de relações. Nada no universo existe por si só. Tudo é interdependente. Acreditamos que a percepção da importância das relações é o fundamento da grande revolução humana na valorização da paz, da solidariedade e da vida em todas as suas manifestações.
- A busca permanente pelo aperfeiçoamento é o que promove o desenvolvimento dos indivíduos, das organizações e da sociedade.
- O compromisso com a verdade é o caminho para a qualidade das relações. Quanto maior a diversidade das partes, maior a riqueza e a vitalidade do todo.
- A busca pela beleza, legítimo anseio de todo ser humano, deve estar liberta de preconceitos e manipulações. A empresa, organismo vivo, é um dinâmico conjunto de relações. Seu valor e longevidade estão ligados à sua capacidade de contribuir para a evolução da sociedade e seu desenvolvimento sustentável.

Fonte: Natura

NEGÓCIO

Além de uma simples paixão, um negócio antes de tudo é o que fazemos com excelência. Temos que estar muito alinhados e entender o foco que precisamos ter. Em muitos casos que atendo, vejo empresários mudando de foco a todo tempo e tentando abraçar o mundo. Isso não é certo.

Um negócio só é um negócio se possuir:

- abertura e respeito para com os outros e empenho para contribuir para o seu desenvolvimento;

- capacidade para aceitar grandes desafios e conduzi-los até ao fim;
- atitude crítica, dedicação à qualidade e melhoramento pessoal;
- plena responsabilidade dos compromissos, resultados e da qualidade perante os clientes, acionistas, parceiros e colaboradores.

O QUE É VISÃO E O QUE É NEGÓCIO PARA:

TEORIA DA ADMINISTRAÇÃO:	LEI DA ATRAÇÃO:	ENERGIA E FOCO:
Nos remete a uma posição futura desejada.	Tendo você como antena, este sinal único será amplificado. Um conjunto de antenas não pode estar ligado a frequências diferentes se quisermos evitar algo inevitável.	Aplicação diária da melhoria contínua rumo ao objetivo.

Abaixo listaremos várias ferramentas da administração para dar suporte e aprofundarmos um pouco mais sobre nossa empresa:

ANÁLISE SWOT/FOFA:

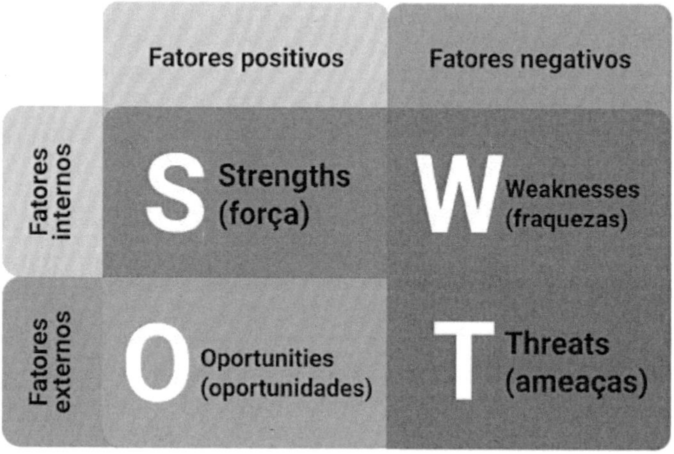

LEGENDA:

fatores positivos são todas as questões sobre pontos fortes e oportunidades;

fatores negativos são todos os pontos ligados a fraquezas e ameaças;

fatores internos estão sob nosso controle;

fatores externos não dependem de nossa vontade.

Nesse sentido, devemos focar naquilo que está sobre nosso controle e o primeiro passo:

Pontos fortes (*Strenghts*): é o elenco de todas as nossas forças, vantagens internas nossas ou da empresa em relação aos concorrentes.

Pontos Fracos (*Weaknesses*): precisamos levantar quais as principais desvantagens internas da empresa em relação ao concorrente, de forma sincera e honesta. Reconhecer as fraquezas.

Ameaças (*Threats*): são os aspectos negativos que podem comprometer a vantagem competitiva da empresa. As ameaças devem ser tratadas com bastante cautela, pois podem prejudicar o planejamento da empresa e seus resultados.

Oportunidades (*Opportunities*): são forças externas que influenciam positivamente o negócio, os aspectos com potencial de fazer crescer a vantagem competitiva da empresa.

LISTE SUA ANÁLISE SWOT:

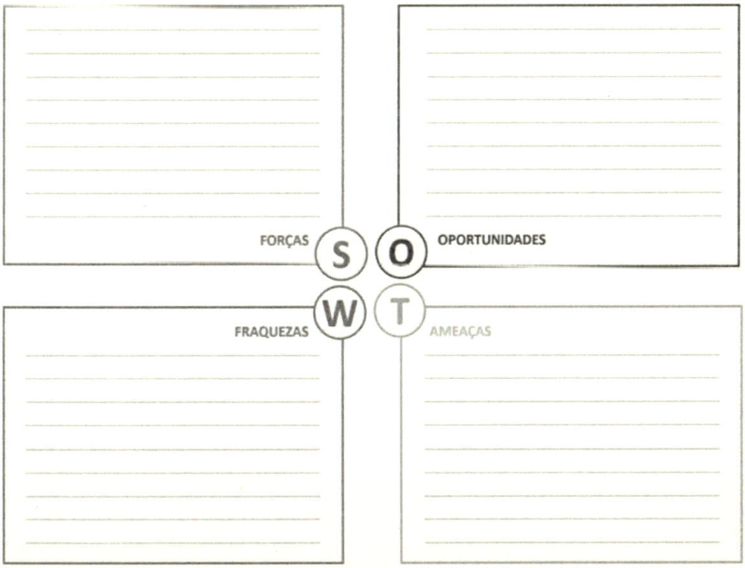

“Tente uma, duas, três vezes. Se necessário, tente quatro. A persistência é amiga da conquista. Se você quer chegar aonde a maioria não chega, faça o que a maioria não faz.

Márcio Mitidieri”

A IMPORTÂNCIA DO ORGANOGRAMA

Quem é que, ao adentrar a recepção de uma empresa, não se deparou com um organograma?

Ele é a apresentação gráfica que representa a planta da organização: níveis hierárquicos desde a presidência às áreas funcionais; é a ilustração de cada departamento da empresa com suas tarefas e seus respectivos responsáveis, superiores e subordinados.

O principal objetivo do organograma é fazer com que tanto as pessoas de dentro quanto as de fora da empresa entendam de maneira clara como as pessoas e atividades se relacionam dentro da empresa.

Por fim, uma boa dica para construir seus organogramas, ilustrar as hierarquias, apresentar as informações e potencializar a gestão do seu negócio e dos seus projetos, é usar a ferramenta do Excel, que possuiu até mesmo modelos prontos que facilitam muito a vida de quem ainda não domina bem essa metodologia. Outra dica é procurar ferramentas de gestão on-line e aplicativos.

Muitos estão disponíveis na internet de maneira gratuita ou com preços acessíveis. Existem também tutoriais que podem ajudar você e seus liderados a implementar e estruturar o organograma ideal para a sua empresa.

O importante é buscar informações para que o organograma seja implementado de maneira que atenda às expectativas e necessidades da sua empresa, e que as pessoas envolvidas sejam educadas para desempenhar de forma assertiva suas atribuições de cargo.

Quando estabelecemos o quadro hierárquico, definimos claramente quais são as funções, a descrição de atribuições de cargos e salários, alinhamos as responsabilidades de cada um dentro de uma organização e definimos o que ela espera de seus colaboradores e quanto está disposta a oferecer pelo serviço prestado.

Se o colaborador não tem a clareza do cargo, não sabe o que se espera dele nem tem definida a política de salário e benefícios oferecidos, fica suscetível a propostas oferecidas pelo mercado. Desse modo, é certo que outra empresa comprará o passe desse colaborador. Comprando o passe do seu colaborador, você não consegue estabilizar a gestão existente dentro das organizações.

Ao construir um organograma, definir claramente as funções e fazer uma pesquisa salarial, você começa a ter mais produtividade, mais assertividade e mais desempenho para o todo.

Defina a responsabilidade de todos no quadro de funcionários da empresa. Neste sentido, é de extrema importância deixarmos claro para todos os funcionários suas tarefas, de modo a saberem executá-las de forma assertiva.

Essa vibração de cada um saber o que é esperado é muito importante para alinhar nossas energias à energia definida em nossa missão e negócio. É muito importante todos estarem alinhados e motivados, sabendo o que esperam de suas funções.

Qualquer desalinhamento neste sentido pode causar improdutividade e modificar as energias internas.

O que essa oscilação de energia pode ocasionar dentro de uma empresa?

- Conflitos;
- intrigas;
- falta de foco;
- maus resultados.

Por isso, nos próximos tópicos falaremos da necessidade de se ter uma gestão muito forte no departamento de RH – uma que saiba avaliar e contratar pessoas com o mesmo perfil da empresa e a mesma vibração.

PRINCIPAIS ÁREAS FUNCIONAIS

A visão de negócio mudou muito ao longo dos anos. O olhar sobre gestão não é mais o mesmo.

Entender e conhecer um pouco sobre gestão é fundamental a todos os empreendedores. Uma gestão eficaz é o caminho para o crescimento e sustentabilidade de uma empresa, com o objetivo de crescimento por meio de esforços organizados para atingi-lo.

Toda empresa é dotada de um sistema funcional ou áreas funcionais que, mesmo distintas entre si, estão intrinsecamente ligadas em sua complexidade: RH, produção, financeiro e marketing.

É importante entendermos que, nesse processo cíclico, cada função administrativa tem finalidades específicas a cumprir, apresentando para isso um leque de atividades e subprocessos a serem desempenhados.

Vale ressaltar que, no começo, o empreendedor normalmente é o responsável por todas ou quase todas as áreas funcionais. Aos poucos, com a expansão da empresa, as áreas funcionais vão adquirindo "vida própria", culminando na transformação do empreendedor em "líder".

PRODUÇÃO

Por ser a "menina dos olhos" do empreendedor, há uma grande atenção ao Departamento de Produção; com isso, há o empenho em garantir que a operação produtiva transcorra sem imprevistos.

Para isso, no caso de uma fazenda, reunimos os conhecimentos e os mecanismos que possibilitam o aumento da produção: desde a existência de pragas e doenças até os mecanismos para combatê-las e a ciência de ações e intervenções cruciais no manejo.

Muitos empreendedores saem vendendo desesperadamente, sem ter um controle do que foi vendido e do que foi realmente produzido.

As pessoas da área de produção de bens e serviços não estão alinhadas ou foram contratadas recentemente, sem receber o treinamento adequado. Isso é muito sério!

Neste sentido, é fundamental que todos nós tenhamos o grande desafio de entender o que fazemos com excelência e o que produzimos.

Um exemplo: se perguntarmos a uma faxineira na NASA o que a empresa faz, a funcionária certamente responderá que a NASA ajuda o homem a chegar à Lua.

Essa é a visão clara de que todos devem conhecer o que produzem e como seus serviços impactam na produção. Às vezes erramos ao pensar que os únicos responsáveis pela produção do serviço ou produto são aqueles que estão na linha de produção, quando na verdade todos os membros da organização devem conhecer todos os setores, desde a produção até o financeiro, marketing e RH.

RH — RECURSOS HUMANOS

O departamento de recursos humanos é o responsável pelo recrutamento do pessoal e pela gestão de pessoas.

Ele busca soluções para conflitos, controla os horários de entrada e saída dos trabalhadores, as horas extras e estabelece políticas para a retenção de talentos, entre outras funções.

O RH tem como foco o cliente interno – o conjunto de funcionários – e cabe a ele recrutar, gerir e capacitar a mão de obra para as operações.

No caso de empreendimentos rurais, existe a preocupação no investimento quanto ao maquinário, ao trator e à colhedeira, com custo aproximado de quase um milhão de reais. Mas não temos a preocupação de treinar e qualificar o ser humano para operá-lo.

Sem o cuidado e a devida qualificação desse funcionário, há o comprometimento dos resultados.

Cabe ao departamento de RH estabelecer políticas de motivação e treinamento. Além disso, deve estabelecer planos de carreira e promoções e trabalhar para melhorar as relações entre as equipes e a qualidade de vida dos colaboradores.

Esse departamento é o que cuida do bem mais precioso de nossa empresa: nossos colaboradores. E devemos lembrar que, com um time medíocre, não conseguimos ser campões nem em campeonato de várzea.

Neste sentido, temos de avaliar cada jogador e se estão vibrando na mesma sintonia que a nossa. Lembre-se de que nós devemos ter pessoas engajadas em nossa filosofia; se elas ficarem abaixo da média em nossa avaliação, estabeleça uma linha de corte; ou seja, veja o gráfico abaixo.

SOFT SKILLS E HARD SKILLS

HARD SKILLS:		SOFT SKILLS:	
Competência	7	Competência	9
Inglês	7	Resolução de conflitos	8
Operador o ERP da empresa	7	Resiliência	9
Pacote Office	8	Pro atividade	8
Média Hard Skills	7,25		
Média Soft Skills	8,5		
Média das Habilidades	7,875		

Para baixar um modelo de Hard Skills/Soft Skills, basta acessar o QR CODE:

HARD SKILLS/ SOFT SKILLS

ESCANEIE-ME

A meritocracia e a administração por resultado são grandes ferramentas para motivarmos e buscarmos resultados extraordinários dentro da empresa como um todo.

Tão importante quanto o foco incansável no objetivo futuro é manter o pessoal alinhado à sua vibração; é assim que a análise de desempenho individual atinge um patamar de relevância equivalente às outras áreas da administração.

Já foram várias as vezes que durante a apresentação de análise para um funcionário informações de grande valia foram reveladas.

FINANCEIRO

A função da área financeira é garantir recursos econômicos para que a empresa possa cumprir seus objetivos, mantendo-se ativa e competitiva e garantindo não apenas lucros imediatos, mas também a longo prazo.

Ela faz o controle da tesouraria, dos investimentos e dos riscos, além da gestão de contas e impostos, do planejamento financeiro e da divulgação de seus resultados.

No caso de empreendimentos urbanos, 95% dos proprietários desconhecem o que é um orçamento financeiro.

Por ser uma área FIM, é tão imprescindível para a administração do negócio que ganhou um capítulo exclusivo no decorrer do livro.

MARKETING/COMERCIAL

É a área de vendas que garante a geração de receitas para a empresa com foco nos clientes externos, buscando estratégias de divulgação, alcance do público-alvo e sua fidelização.

No caso de empreendimentos urbanos, quando se fala em vendas, falamos "no maior desastre". Por quê?

Da porteira para fora fica mais simples: delega-se a venda para as cooperativas, assim minimizando os riscos de perda em vendas ou em recebimentos malsucedidos.

Para que a produção tenha um custo reduzido sem perder a qualidade, é necessário que todas as áreas estejam alinhadas, a fim de reduzir os gargalos nos processos.

Para não perder o foco, fica a dica:

- Reforce a área de vendas colocando metas, como vamos ver mais à frente;
- busque novos negócios;
- busque novas oportunidades de mercado.

FERRAMENTAS DE ADMINISTRAÇÃO
PDCA

Uma grande ferramenta é o Ciclo PDCA — Planejar, Desenvolver, Controlar e Agir corretivamente. É um importante conceito que também temos de aplicar constantemente em nossa vida: fazer com que a operação produtiva transcorra sem imprevistos, tendo como meta garantir que a empresa obtenha a maior produção possível, aplicando o mínimo de recursos.

No caso de empreendimentos rurais, quanto à existência de pragas e doenças, descobrir mecanismos para combatê-las e ter ciência de ações e intervenções são cruciais no manejo e planejamento de safra.

No caso de empreendimentos urbanos, é preciso controlar a entrada e o consumo de matérias-primas, dar suporte logístico, fazer a gestão do uso e da manutenção das máquinas e equipamentos e acompanhar os níveis de produtividade da empresa.

Quando detectamos uma anomalia ou falha, devemos usar a ação corretiva.

CICLO PDCA

PLANEJAR

O que isso significa? Temos de planejar tudo em nossa vida. O norte-americano gasta 80% do seu tempo planejando, enquanto nós pulamos essa etapa e vamos direto para o desenvolvimento, ou seja, execução. É aí que começa o prejuízo.

Quando falamos em planejamento, lembramo-nos do início da Lei da Atração, pois tangenciar nosso sonho em um arquivo ou em anotações parece ilógico, mas é isso mesmo: para começarmos a atrair, temos de escrever nossos sonhos, ou seja, nosso planejamento!

Não tenha medo de sonhar alto e, o mais importante, colocar tudo no papel e estabelecer metas! Imagine sua posição no futuro, trace seu planejamento para um, dois, três anos. Estabeleça um planejamento que possa comparar seu previsto com o realizado – disponibilizaremos um modelo para seu orçamento anual mais à frente. Faça isso vários anos à frente, recomendamos de dois a cinco anos. Como você pode planejar uma posição futura para dez, vinte, trinta anos?

Feito isso, temos de começar a desenvolver o próximo item.

DESENVOLVER

Após planejarmos todas as nossas ações, começamos a colocá-las em prática. É um momento de gerenciamento de projetos: cumprir o planejado da forma mais satisfatória possível.

Planejar sem ação não passa de um sonho! Temos de estabelecer metas, e essas metas têm de ser desdobradas! Por exemplo: se minha meta anual é faturar R$ 1.2 milhão, então tenho de faturar R$ 100 mil por mês, R$ 24 mil por semana e R$4.8 mil por dia.

Isso quando se trata de uma empresa urbana com clientes. O mesmo pode ser feito para uma empresa rural, só que, dependendo da cultura, podemos controlar anualmente. Porém, temos culturas de ciclo curto que podem ter até três colheitas no ano. Nesse sentido, planejamos o que esperamos colher.

Por exemplo, em uma propriedade que planta milho, soja e café, o faturamento anual esperado para o milho é de R$ 500 mil; para a soja, R$ 700 mil; para o café, R$ 600 mil, totalizando R$ 1.8 milhão ao ano.

Neste sentido, fazemos as projeções anuais conforme cada um quer fazer: um ano, dois anos, dez anos etc. Temos de colocar no nosso orçamento as despesas fixas e variáveis para sabermos o que temos de gastos que serão deduzidos do faturamento bruto real, projetado para saber nossa lucratividade e se essa lucratividade é capaz de pagar nossos sonhos! Caso sim, começamos a gerenciar o dia a dia de nosso orçamento e passamos para o próximo item, que é **controlar**.

CONTROLAR

Ao desenvolver o projeto, de nada adianta somente executar: precisamos atuar com um controle efetivo, fazendo reuniões constantes e verificando se as etapas e os recursos estão tendo um desempenho satisfatório.

Como vimos acima, as reuniões são excelentes para exercitarmos o controle de ações corretivas, porém devem ser bem conduzidas.

Para não termos problemas, dediquei um capítulo deste livro para falar sobre como fazer reuniões produtivas.

O controle passa por indicadores de desempenho e avaliação dos funcionários para saber se eles estão engajados com a empresa – se não estiverem recomendo cortá-los o mais rápido possível.

Isso tem muito a ver com comprometimento, meta, e o desafio principal é convencer seus colaboradores de vendas que é possível atingir a meta. Eles precisam ter motivação – motivos para ação –, e isso está intimamente ligado à premiação por resultados, ou seja, à meritocracia.

AGIR CORRETIVAMENTE

Todas as vezes que nos deparamos com uma anomalia ou falha no processo, devemos agir de forma corretiva. Uma das principais perguntas que deveríamos fazer constantemente é: como lidar com a solução de problemas? Se na vida organizacional a tendência é o problema sempre voltar, por que ninguém faz nada para solucioná-lo?

Precisamos ficar atentos, pois esse é um dos maiores erros das empresas; temos preguiça de mudar o processo e corrigir os erros. E para entender onde estamos errando é importante que o foco esteja nos clientes internos e externos.

Reclamações de funcionários e de clientes constituem um indicador muito forte de que algo está errado. Na maioria das vezes, nós os rotulamos de ***"clientes complicados"***, e é aí que começa o erro: temos de entender o que estão querendo dizer, qual é o problema de que estão reclamando e fazer uma ação corretiva para definir a causa e estabelecer um novo processo, para que o problema nunca mais volte a acontecer. E isso não é fácil de se fazer, pois, na maioria das vezes, apenas corrigimos superficialmente, não de maneira definitiva.

Um cliente insatisfeito fala de sua insatisfação para mais de dez pessoas, enquanto o satisfeito fala para apenas três, e isso é avassalador. São tanto os clientes internos (funcionários) quanto os externos (consumidores) que destroem a imagem da empresa; o primeiro para seu ciclo de amigos e parentes; o segundo para o mercado, destruindo sua reputação e atrapalhando negócios futuros.

O que temos de observar é que o ciclo PDCA gira com frequência. Isso significa que, após agir corretivamente, retornamos para o planejamento.

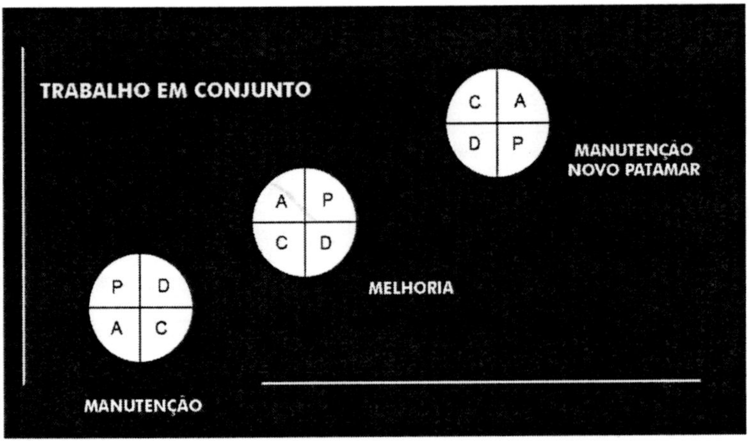

“

Se falta de tempo fosse justificativa,
todo desocupado teria sucesso.

Márcio Mitidieri

”

IMPLEMENTAÇÃO DA GESTÃO DE PROCESSOS

Também conhecida como Business Process Management (BPM), a gestão de processos de negócio nada mais é do que uma forma sistematizada de identificar os pontos de melhoria, desenhar a maneira como eles serão organizados, executar este planejamento e consequentemente acompanhar, monitorar, medir e controlar os processos de negócios de uma empresa, para que assim seja possível atender às expectativas dos clientes, entregando resultados cada vez melhores e alcançando constantemente os objetivos de crescimento da organização.

Falar sobre organização sem falar de gestão de processos é quase impossível, e por isso a minha primeira e principal dica é: entenda quais são e como funcionam os processos de sua empresa, para que ela esteja sempre organizada e entregando resultados extraordinários aos clientes, que não esperam nada além disso.

Através da gestão de processos é possível ter o controle das atividades da empresa, promovendo sempre a interação entre equipes, colaboradores e departamentos. É por meio também desse modelo de gestão, que se torna possível produzir mais e com uma assertividade maior.

A gestão de processos é uma estratégia tradicional; contudo, é também uma estratégia que contrapõe alguns pontos das áreas funcionais de uma empresa. Como exemplo, podemos reunir e definir o RH como o gestor dos processos; para isso, espera-se uma colaboração das outras áreas para manutenção e ação corretiva dos processos a fim de perpetuar a melhoria contínua.

REUNIÕES — UMA FERRAMENTA MUITO EFICAZ

Uma empresa sem reuniões é uma empresa desafinada. Como pode uma banda tocar a mesma partitura sem treinar ou ensaiar?

Reuniões são essenciais para alinhamento e para colocar todos na mesma vibração!

TIPOS DE REUNIÃO

- **DELIBERATIVA:** para tomar decisões e trocar diretrizes;
- **COMUNICATIVA:** para trocar ideias e sugestões;
- **TÉCNICA:** para definições técnicas;
- **CONTROLADORA:** para controlar o andamento das atividades;
- **PRODUTIVA:** reuniões planejadas.

TIPOS DE LIDERANÇA PARA REUNIÕES

- **LÍDER EFICAZ:** harmoniza, negocia, encoraja, busca consenso e quer resultado;
- **LÍDER AVALIADOR:** avalia os estilos pessoais e não as ideias;
- **LÍDER ROMÂNTICO:** não discorda de nada, acata todas as ideias e não chega a lugar nenhum.

COMPORTAMENTOS QUE DEVEM SER EVITADOS

- Prevenção contra ideias;
- descaso com o apresentador;
- tentativa de indução;
- só um falar;
- todos falarem ao mesmo tempo.

RECEITA PARA UMA REUNIÃO PRODUTIVA

De acordo com o que vimos até agora, aqui vai uma dica para vocês potencializarem suas reuniões:

- **AGENDAR** com antecedência mínima de cinco dias;
- **PONTUALIDADE** para início e término;
- **PARTICIPAR** a fim de estimular a discussão;
- **PAUTA** com objetivo claro nos assuntos a serem abordados;
- **LIDERANÇA** precisa ser como a de um maestro, coordenando e ponderando a participação dos assuntos pertinentes à reunião;
- **AÇÕES** para gerar valor:
- O que tem que ser feito?
- Por quem deve ser feito?
- Até quando deve ser feito?
- **DOCUMENTAR** para registrar tudo em uma ata, seja por uma folha, um e-mail, uma mensagem no WhatsApp. Não pode ficar só na conversa, tem que estar no papel.

Para baixar um modelo de Atas de Reunião, basta acessar o QR CODE:

PAUTA E ATA DE REUNIÃO

ESCANEIE-ME

Um cliente insatisfeito fala de sua insatisfação para mais de dez pessoas, enquanto o satisfeito fala para apenas três, e isso é avassalador.

Márcio Mitidieri

ENTENDA UM POUCO MAIS SOBRE ESSE CAPÍTULO DIRETAMENTE DO AUTOR ESCANEANDO AQUI!

Capítulo 02

3

ORGANIZAÇÃO FINANCEIRA: A PAZ PARA SEU SONHO

Como anda sua relação com o dinheiro? A resposta diz muito sobre sua situação financeira e suas perspectivas para o futuro. Com um bom planejamento e organização, você pode ter uma vida financeira saudável e identificar o que afeta negativamente suas finanças.

Compreender como é utilizado seu próprio dinheiro é o começo para organizar o que afeta seu orçamento:

- Qual a origem dos gastos?
- Quais os excessos de consumo?
- Quais hábitos podem comprometer seu saldo?
- Por que o planejamento e a organização financeira são importantes?

O planejamento e a organização financeira devem andar juntos. Isso permite que você acompanhe as movimentações de suas receitas e despesas, identificando assim, onde o dinheiro está sendo gasto.

Conhecendo sua situação financeira, você administrará melhor e tomará decisões baseadas em suas perspectivas para o futuro.

Como fazer um planejamento eficiente?

Como em qualquer planejamento, temos de entender que há a necessidade de saber qual é o seu objetivo e deve haver clareza na execução.

Gerenciar o dinheiro é a arte de classificar receitas e despesas com base em categorias pré-definidas. A esta categoria damos o nome de *contas*.

O conjunto de contas, ordenadas em categorias maiores pré-definidas, permite entendermos quanto estamos de fato gastando. A este conjunto de contas, damos o nome de *plano de contas*.

Exemplo de plano de contas:

PLANO DE CONTAS - GERENCIAL:	
1 - RECEITAS:	**2 - DESPESAS:**
1.01 Alugueis Ativos	2.01 Água e Esgoto
1.02 Descontos Obtidos	2.02 Alugueis Passivos
1.03 Juros Ativos	2.03 Café e Lanches
1.04 Receitas Eventuais	2.04 Combustíveis
1.05 Receitas de Produtos	2.05 Descontos concedidos
1.06 Receitas de Serviços	2.06 Despesas Bancárias
	2.07 Energia Elétrica
	2.08 Fretes e Carretos
	2.09 Impostos e Taxas
	2.10 Juros Passivos
	2.11 Material de Expediente
	2.12 Material de Limpeza
	2.13 Serviços de Terceiros
	2.14 Telefones
	2.15 Despesas Eventuais

É importante possuir um processo definido para atribuir uma categoria do seu plano de contas a todas as despesas e receitas que são executadas.

Possuir um software ou planilha que já realize este processo de conciliação bancária pode lhe poupar bastante tempo para pensar no seu objetivo.

Após categorizar todos os lançamentos dos extratos das suas contas, devemos ordená-los em um *plano de contas gerencial.* Ele possui o objetivo de agrupar todas as contas, lançamentos em receitas, despesas e lhe entregar um resultado no final do mês, que é o seu lucro.

EXEMPLO:

RECEITAS – DESPESAS = LUCRO

Ao realizar a categorização e possuir os números, devemos nos atentar em como interpretar esses dados.

A pessoa que realiza o processo de conciliação bancária deve ser muito atenta ao processo para não categorizar erroneamente uma conta e isso prejudicar a tomada de decisões.

Devemos ter ciência de que existem receitas e despesas que são operacionais ou não operacionais.

Consideramos operacionais todas as receitas e despesas que se relacionam com a atividade fim da empresa, e que estão envolvidas em serviços e produtos essenciais para que o produto e serviço vendido seja entregue ao cliente.

Consideramos não operacionais as receitas e despesas que não se relacionam com a atividade fim da empresa, como investimentos, juros e dividendos.

Quando possuirmos todas as nossas contas categorizadas, poderemos entender qual é o nosso lucro atual. Isso é uma coisa muito poderosa, pois podemos saber agora onde realmente estamos e temos as ferramentas para entender onde podemos chegar.

A primeira análise é realizada para sabermos o lucro do nosso empreendimento. Como sabemos que devemos aumentar as receitas e diminuir as despesas, rapidamente podemos interpretar quais as despesas são realmente desnecessárias ou podem ser otimizadas.

Todas as contas do plano de contas devem ser analisadas uma a uma, todos os meses, para entendermos o impacto de cada despesa e receita.

Quando entendermos o impacto de despesas e receitas, vamos conseguir impor metas para cada categoria de receitas e cobrá-las dos vendedores e também impor limites a cada despesas. Logo, teremos duas colunas para cada conta: Previsto x Realizado.

EXEMPLO DE PREVISTO X REALIZADO

Após a análise uma a uma, uma lista de ações a serem concretizadas durante o mês deve ser elaborada para a adequação dos valores da coluna *realizado* com o *previsto* para o próximo mês. Dessa forma, apenas replicando a coluna *previsto* e respeitando a sazonalidade do seu negócio, você poderá possuir uma previsão de seu custo, receitas e lucros dos próximos meses e, consequentemente, do ano.

Ao determinar qual o seu orçamento para cada tipo de conta, visualize sua meta já cumprida. Trazer ao presente a energia do que ocorrerá no futuro fará com que naturalmente as despesas e receitas fluam para executar o que você previu.

O número mais importante deste planejamento é o resultado do final do ano. Esse número tem que ser conhecido por você e por sua organização.

Para conseguirmos nos manter na direção correta, é preciso que haja uma recompensa pessoal vinculada ao atingimento do objetivo. Sempre que sentir que está se desviando de seu foco, lembre-se do número final e da sua recompensa.

Uma recompensa boa é algo que pode trazer boas energias. De nada adianta você atingir o seu objetivo se, com isso, atrair pensamentos negativos e inveja de outros.

Todos os membros da organização devem ser recompensados de forma justa e de acordo com o seu mérito. A chave para atingir e superar objetivos de forma sistemática e consistente é recompensar aqueles que estão do seu lado.

COMO ORGANIZAR SUAS FINANÇAS

Se agora temos uma visão geral de onde estamos e para onde vamos, temos de executá-la.

Existem inúmeras situações que podem nos deixar fora de sintonia do universo e que possuem altas chances de nos fazer voltar à estaca zero.

Para começar a colocar a mão na massa devemos ter ciência das situações que podem jogar energias negativas dentro de nosso planejamento.

Temos que entender se todas as pessoas envolvidas estão de fato na mesma vibração. Pessoas que emanam energias negativas devem ser afastadas na medida do possível do contato com os planos.

Dívidas são uma poderosa fonte de energia negativa. Temos que entender que por trás de cada conta não paga existe uma pessoa ou entidade que estava contando com esse dinheiro.

Quando as expectativas são frustradas, seu credor emana energias que podem atrapalhar a execução do seu planejamento orçamentário. Isso pode colocar em xeque a execução financeira, pois chegará um momento que o passivo deverá ser pago.

Devemos conversar com nossos credores, expor a nossa situação e propor um acordo. Clientes e fornecedores devem ser tratados com o mesmo esmero, pois todos são importantes para que você consiga sucesso.

Cultive o hábito de agir preventivamente com seus fornecedores. Sempre que houver uma ruptura no seu fluxo de caixa futuro, entre em contato com os seus credores e proponha uma solução. Pessoas de sucesso são proativas.

Dessa forma, evitamos estresse e podemos nos voltar ao foco do negócio para aumentar nossas vendas e executar nosso planejamento.

Você chegará a um ponto em que o dinheiro começará a sobrar, e o seu capital se acumulará. Quando chegamos neste momento, devemos entender como investir de forma prudente.

O maior desafio é entender que você merece o dinheiro que conseguiu. Sem essa certeza, qualquer investimento será ruim; você poderá tentar realizar sonhos do seu eu do passado que não fazem mais sentido numa situação de abundância e isso lhe ocasionará um retrocesso.

Um bom investimento é aquele cujo prazo de retorno pode ser medido, e que a data em que será realizado pode constar em seu plano de contas.

Não se pode investir o que você não tem. Investimento somente poderá ser feito com o seu lucro ou por meio de crédito de terceiros. O risco deve ser sempre calculado.

A IMPORTÂNCIA DO CAPITAL DE GIRO

Um dos fatores mais importantes que noto nos últimos tempos é a turbulência financeira pelas quais as fazendas e empresas estão passando.

É inegável que boa parte deste desconforto está ligada a paradigmas do empreendedor, pois, como empreendedores, colocamos na cabeça que todo nosso dinheiro deve estar investido. Este é o primeiro erro: devemos, sim, investir, mas depois de resguardar nosso *capital de giro*.

O capital de giro é o conjunto de valores necessários para que a empresa faça seus negócios girarem. É parte do investimento que compõe uma reserva de recursos que serão utilizados para suprir as necessidades financeiras da empresa ao longo do tempo: estoques, contas a receber, caixa, banco etc.

O capital de giro deve ser resguardado a qualquer custo e é responsável pela sua noite de sono tranquila e sem grandes preocupações sobre o assunto.

Quem nunca passou algum aperto no dia do pagamento dos funcionários? Somente quem tem saúde financeira e tem seu capital de giro não comprometido.

Para resguardar o capital de giro, costumo encará-lo como o cheque especial, só que sem os juros. Quando a empresa ficar com o caixa abaixo do valor estipulado para o capital de giro, deve-se realizar a reposição daquele recurso em até 30 dias, ainda que seja necessário recorrer a empréstimos.

FLUXO DE CAIXA

É uma das ferramentas mais importantes, já que é o registro de tudo o que acontece no setor financeiro de sua empresa.

Com o fluxo de caixa, o empreendedor consegue enxergar essas movimentações financeiras ao longo do tempo e tomar as **melhores decisões** sobre o dinheiro da empresa.

É uma ferramenta de apoio, na qual o empreendedor preenche os dados financeiros da empresa em um determinado período. Pode ser diário, semanal ou até mesmo mensal.

O fluxo de caixa tem cinco partes básicas:

- **saldo inicial:** é o dinheiro disponível em caixa e em todas as contas bancárias;
- **entradas de caixa:** vendas à vista e outros recebimentos do dia;
- **saídas de caixa:** são todos os pagamentos feitos no dia;
- **saldo operacional:** é resultado das entradas de caixa menos as saídas de caixa;
- **saldo final de caixa:** é a soma do saldo inicial com o saldo operacional.

Parece ser complexo, mas é muito simples, na verdade. Tão simples, que é por isso que muitas empresas negligenciam.

Quando vamos fazer pagamentos ou receber dinheiro de nossos clientes, temos que saber a data e a forma de pagamento.

O fluxo de caixa nos permite tomar as decisões mais corretas. Com ele saberemos quanto temos disponível nas contas em determinado dia, quanto devemos pagar, quanto iremos receber e qual será o saldo ao fim do dia.

O pulo do gato é interpretar esses dados não apenas para o dia presente, mas também para o futuro. Dessa forma, podemos agir de maneira proativa para lembrar nossos clientes de realizarem o seu pagamento do dia correto e para negociar com fornecedores melhores condições e descontos em compras.

ORÇAMENTO FINANCEIRO

Tudo se inicia no fim do ano, quando começamos a fazer nosso planejamento para o ano vindouro. Temos que fechar nosso orçamento, que nada mais é do que colocarmos tudo no papel. Isso vale para uma empresa que já existe há um tempo e tem experiências passadas ou uma empresa que está se lançando na caminhada.

O orçamento nada mais é do que colocar limites de gastos e metas de receitas para o futuro, com base em um histórico ou outra metodologia. Com o orçamento é possível planejar e acompanhar o que está sendo executado.

O primeiro passo é projetar o faturamento e verificar se ele está dentro da expectativa de crescimento. Fazemos isto da forma explicada anteriormente, replicando a coluna do previsto para os meses subsequentes.

A diferença é que antes nós trabalhamos o orçamento com foco nas despesas. Porém, temos que aprender a dimensionar as receitas, senão o resultado nunca poderá ser previsto da forma correta.

Fazemos isso prevendo cenários. E toda empresa deve possuir no mínimo um cenário:

- Pessimista: pelo menos o que vendemos no ano anterior;
- provável: o crescimento de mercado;
- otimista: a equipe terá de suar a camisa para atingi-la.

Se sua empresa possui um crescimento histórico de 12% ao ano, com um faturamento anual de 200 mil, podemos entender que a meta pessimista para o próximo ano é 200 mil, e a mais provável é de 224 mil.

Porém, uma meta otimista deve ser elaborada com base nos princípios de uma boa meta. Precisa ser *específica*, *mensurável*, *atingível* e *realista*, além de contar com um *prazo*.

Conforme o tempo for passando e os registros do que foi gerado de receitas forem surgindo, teremos uma base sólida para entender até onde podemos desafiar nossa equipe para nos trazer a um cenário orçamentário otimista.

Para facilitar a compreensão do orçamento, elaboramos uma planilha em que poderão ser colocados os conhecimentos adquiridos em prática.

Para baixar o modelo de orçamento, basta acessar o QR CODE:

ORÇAMENTO

ESCANEIE-ME

O sentimento de dever cumprido e o crescimento pessoal e profissional provam que valeu a pena.

Márcio Mitidieri

ENTENDA UM POUCO MAIS SOBRE ESSE CAPÍTULO DIRETAMENTE DO AUTOR ESCANEANDO AQUI!

Capítulo 03

4

PLANEJAMENTO DE MARKETING

O primeiro elemento que devemos entender é que o departamento de marketing não se resume somente a vendas. Ele é muito maior que isso! A sobrevivência da empresa está neste departamento, ou seja, a empresa que não vende, quebra!

Então o que devemos fazer?

PLANEJAMENTO ESTRATÉGICO DE MARKETING

Para baixar o modelo de cronograma de marketing, basta acessar o QR CODE:

CRONOGRAMA DE MARKETING

ESCANEIE-ME

CLASSIFICAÇÃO DE MERCADOS

Uma região pode ser classificada quanto à sua *potencialidade* (número de habitantes) x *complexibilidade* (atuação da concorrência).

		POTENCIALIDADE (P):			COMPLEXIDADE (C):
A	1 2 3	REGIÃO POPULOSA; EXCELENTE RENDA PER CAPITA; PRODUTO COMPATÍVEL COM A REGIÃO.	A	1 2 3	ATUAÇÃO DE CONCORRENTES FORTES, TRADICIONAIS E MUITO ORGANIZADOS.
B	1 2 3	REGIÃO NÃO MUITO POPULOSA; PRODUTO MAIS OU MENOS COMPATÍVEL COM A REGIÃO.	B	1 2 3	ATUAÇÃO DE ALGUNS CONCORRENTES, PORÉM NÃO TRADICIONAIS NEM ORGANIZADOS.
C	1 2 3	REGIÃO NÃO POPULOSA; BAIXA RENDA PER CAPITA; PRODUTO NÃO COMPATÍVEL COM A REGIÃO.	C	1 2 3	NENHUMA OU MUITO POUCA ATUAÇÃO DE CONCORRENTES.
1 - FORTE		2 - REGULAR			3 - FRACO

PLANO DE MARKETING E COMERCIALIZAÇÃO

O plano de marketing é uma ferramenta de gestão para que a empresa se mantenha competitiva no mercado em que está inserida. É o planejamento das ações de marketing de uma empresa para alcançar determinado objetivo, devendo ser elaborado por meio de um planejamento estratégico minucioso, bem como de um acompanhamento em reuniões mensais de resultados.

O motivo é bem simples: as decisões tomadas no plano de marketing influenciam desde o planejamento até a execução das campanhas. Portanto, as ações precisam retratar a situação atual do mercado aliada às tendências projetadas para o futuro.

COMO O CONCEITO SE APLICA

- Pessimista: no mínimo o que foi vendido no ano anterior;
- provável: uma meta que podemos alcançar e ficar atentos ao *benchmark* do segmento;
- otimista: a meta que a equipe precisa "suar a camisa" para alcançar, deve ser desafiadora.

ROTEIRO A SER SEGUIDO PARA ELABORAÇÃO DE UM PLANEJAMENTO ESTRATÉGICO DE MARKETING

1. Estabeleça a relação complexidade (concorrentes) x potencialidade (população) de sua empresa.
2. Levante o faturamento dos dois últimos anos.
3. Veja qual foi o seu crescimento (ano passado dividido por este ano = porcentagem de crescimento).
4. Determine qual é o crescimento que você quer para o próximo ano. Por exemplo: para crescer 25%, preciso multiplicar o faturamento do ano anterior por 25%, o que me permitirá determinar o faturamento a ser atingido nos próximos dez anos. Digamos que faturei R$ 100 mil no ano passado e quero crescer 25% neste. Assim:

   100.000,00 x + 25% = R$125.000,00
5. Dê metas mensais para seus vendedores. Divida seu faturamento projetado pelo total de meses para determinar o faturamento mensal projetado. Assim:

   R$ 125.000,00 / 12 = R$ 10.416,66

   Divida o faturamento mensal projetado pelo número de vendedores de sua empresa; assim, você determinará a meta mensal MP (mais provável) de cada um.
6. Estabeleça a tabela móvel com metas Otimistas, Prováveis e Pessimistas. Por exemplo: Otimista 10% acima da MP (suar

a camisa): R$ 11.458,00. MP, R$ 10.416,66. Pessimista, R$ 8.333,33 (o mesmo do ano anterior).

7. Faça reuniões mensais com sua equipe de vendas para acompanhar e avaliar seu desempenho.
8. Isto também pode ser usado em sua meta individual de vida, da mesma forma! Se você não tem uma empresa, utilize esse esquema para planejar o que tem de buscar de recursos e se desafiar!

DEFINIÇÃO DA ESTRATÉGIA DE COMUNICAÇÃO

A estratégia de comunicação é o plano pelo qual uma empresa e seus produtos ou serviços são divulgados para o público – o que ajuda a empresa a se relacionar com seu público.

Sua efetividade é garantida quando a estratégia de comunicação atenta aos valores e aos desejos do público que se propõe a atender, estabelecendo uma linguagem que fortaleça o vínculo.

Conhecendo seu público e munido de planejamento estratégico para se comunicar, é chegada a hora de ganhar visibilidade perante o mercado, estabelecendo quais meios serão necessários para atingir os objetivos.

1. Contratação de uma agência de propaganda para terceirização dos seguintes serviços:
   a. **papelaria;**
   b. **layout do site oficial;**
   c. **uniformes;**
   d. **veículos;**
   e. **assessoria de imprensa;**
   f. **formatação de materiais publicitários;**
   g. **posicionamento para participação de eventos.**

2. Acompanhamento do calendário anual do segmento.
3. Marketing digital.

Consiste em promover a sua marca através de mídias digitais. Devido ao fato de ser feito on-line, alcança um grande número de pessoas, principalmente clientes potenciais. A grande vantagem é que não são necessários altos investimentos para que sua marca atinja esse público imenso.

Abaixo, seguem algumas vantagens em fazer uso do marketing digital para sua empresa:

1. ter presença online: as estratégias de marketing digital garantem que a sua marca alcance os primeiros resultados do Google. Sempre que as pessoas buscarem a sua empresa, você estará nos primeiros resultados, o que é crucial para fechar muitos negócios;
2. garantir audiência: o marketing digital lhe ajuda a alcançar o seu público alvo, ou seja, seus clientes potenciais, aquelas pessoas que estão realmente interessadas no seu produto ou serviço;
3. investir pouco: o investimento em marketing digital é bastante baixo se comparado ao marketing tradicional. Se você possui um site, por exemplo, não precisa investir para que ele apareça nos primeiros lugares do Google. Basta trabalhar muito bem as palavras-chave. Além disso, muitas ações realizadas nas redes sociais não geram nenhum custo;
4. acompanhe os resultados analisando as métricas das estratégias de marketing digital: é possível saber, por exemplo, quantas pessoas abriram o e-mail que você enviou, quantas clicaram em um determinado link, quantas curtidas sua marca obteve nas redes sociais e muito mais. Essas informações são uma ótima base para você verificar se uma campanha, por exemplo, teve o resultado esperado ou não.

MERITOCRACIA

É a única forma que você tem de colocar todos os colaboradores na mesma vibração, querendo eles ou não. Por exemplo: se o colaborador atingir uma meta, receberá o dobro do que costuma ganhar. Acha que ele vai deixar de correr atrás?

O QUE É MERITOCRACIA?

Tanto a palavra *mérito* quanto a palavra *cracia* têm diversos significados, o que faz com que o termo "meritocracia" seja polissêmico. Dessa maneira, pode ser interiorizado como um princípio de justiça.

Na realidade, o que buscamos com a meritocracia é um melhor engajamento de todos os funcionários.

No decorrer da história da administração e desde a Revolução Industrial, a guerra entre capital e trabalho existe. E acredito que é algo que continuará a acontecer daqui a várias gerações, se não houver uma mudança de mentalidade das pessoas e do sistema.

Precisamos fornecer conhecimento para que as pessoas possam sair das manadas e gerar valor. Somente por meio da meritocracia é que conseguiremos incentivar e motivar as pessoas a buscarem novos objetivos e obterem resultados extraordinários.

De nada adianta fazermos tudo o que planejamos se não colocarmos a meritocracia em prática no nosso orçamento e no nosso planejamento de marketing.

INDICADORES DE DESEMPENHO

De maneira sucinta, indicador é um valor quantitativo que possibilita a empresa mensurar o que está sendo executado e gerenciá-lo de forma adequada para atingir as metas organizacionais ou departamentais planejadas; ou seja, indicadores são relevantes para a tomada de decisão.

Os indicadores precisam estar bem definidos e claros. Caso necessário, como dica, disponibilize todos os indicadores necessários para gerenciar a empresa em uma folha A4.

Não existe cominho certo para quem não sabe aonde quer chegar.

NEGOCIAÇÃO

Negociar é a maneira mais eficaz para entrar em acordo com uma outra parte, evitando um conflito. O objetivo da negociação é garantir que as duas partes envolvidas fiquem satisfeitas com os termos.

É necessário despertar suas habilidades de negociação, e estas podem ser aperfeiçoadas com estudo e treino, visto que estão presentes em todos os aspectos de sua vida – não só no momento de uma compra e venda, mas também no tocante às relações interpessoais.

A técnica é o que determina se uma pessoa é uma boa negociadora ou não. Cada uma apresenta um perfil, mas todas podem aprender estratégias que irão melhorar a maneira de persuadir e se comunicar.

A habilidade de negociação se refere a várias capacidades, tais como: comunicação eficiente e assertiva, organização, planejamento, determinação, disciplina, flexibilidade e inovação. Mas além da parte técnica, é crucial que o negociador esteja preparado para cada negociação especificamente, ou seja, tenha estudado a outra parte e compreendido suas demandas. Agindo de forma natural e confiante, o acordo pode ser conduzido na direção mais interessante para você.

Há diversos estilos de negociação e cada pessoa se identifica mais com um determinado tipo. Porém, um negociador com experiência na área já tem o seu próprio estilo, mas pode modificar sua abordagem se for necessário, para se adequar a uma situação específica.

Os estilos de negociadores são os seguintes:

- **catalisador:** suas argumentações são voltadas para a inovação e projetos futuristas. Ele convence a outra parte com ideias e grandiosos projetos criativos. Seu objetivo é alcançar rápido o futuro e levar todos com ele;
- **apoiador:** dá atenção especial ao trabalho em equipe e se preocupa com as pessoas envolvidas no acordo. Seu trabalho como negociador é mais humano e socialmente engajado;
- **controlador:** seu foco está nos números. Sua argumentação está baseada na redução de custos, prazos e resultados bem definidos, geralmente se concentra em dados para reforçar suas ideias;
- **analítico:** concentra-se em detalhes e transmite confiança de que tem todo o acordo sobre controle. Se dá bem com informações diversas e geralmente exige garantias para continuar com as negociações.

BUSINESS INTELLIGENCE (BI) — ANÁLISE DE INDICADORES

Business Intelligence (BI) é um processo baseado em tecnologia que compreende um conjunto de técnicas e ferramentas utilizadas para a organização de dados, análise e apresentação de informações úteis ao processo de tomada de decisões de empresas, executivos, gerentes e usuários finais.

A ferramenta BI possibilita a análise de indicadores de desempenho pelo gestor, para que este tenha a visão de seu negócio por meio de informações estratégicas.

Como exemplo, apresentamos alguns indicadores que o BI nos proporciona:

- **ROB (resultado operacional bruto):** apresenta resultados antes dos investimentos em relação ao faturamento bruto. Fórmula: (Faturamento Bruto -Total de Despesas) / Faturamento Bruto ou lucro antes dos investimentos / Faturamento Bruto;
- **ROL (resultado operacional líquido):** apresenta o resultado após o investimento em relação ao faturamento bruto. Fórmula: (Faturamento Bruto-Total de Despesas) / Faturamento Bruto ou Lucro Líquido / Faturamento Bruto;
- **TXI (taxa de investimento):** apresenta a relação entre investimento e faturamento bruto. Fórmula: Investimento / Faturamento Bruto;
- **ROE Return on Equity (retorno sobre o patrimônio líquido):** mede a eficiência da empresa em gerar lucros com o capital investido pelos sócios. Fórmula: Lucro Líquido / Patrimônio Líquido;
- **ROA Return on assets (retorno sobre o ativo):** indica se a empresa está usando de maneira eficiente ou não os ativos que possui para geração de riquezas. Por ativos entende-se

todos os recursos à disposição. Por exemplo: caixa, clientes, marcas e patentes, softwares e equipamentos, investimentos, imóveis, veículos etc. Fórmula: Lucro Líquido / Ativo Total;

- **GAF (grau de alavancagem financeira):** indica o quanto a empresa é capaz de alavancar suas operações fazendo uso de recursos de terceiros. Ou seja, o quanto a empresa consegue gerar de valor usando fornecedores, empréstimos e outros passivos. Fórmula: ROE / ROA.

Para baixar o modelo do BI, basta acessar o QR CODE:

MODELO DO BI

ESCANEIE-ME

Sem certas habilidades é impossível um líder conduzir sua equipe na direção das metas.

Márcio Mitidieri

ENTENDA UM POUCO MAIS SOBRE ESSE CAPÍTULO DIRETAMENTE DO AUTOR ESCANEANDO AQUI!

Capítulo 04

5

METAS E A ATRAÇÃO

A IMPORTÂNCIA DAS METAS E O QUE ELAS TÊM A VER COM TUDO ISSO

Se tivermos que pensar em algo importante, este é o momento, pois a meta e a sua capacidade de atingi-las, está para o empreendedor assim como o ar está para o ser humano.

A capacidade de idealizarmos o que queremos para o futuro e conseguirmos atrair para o presente está diretamente ligada ao nosso sentimento de conseguirmos atingir nossa visão de futuro: o que atingiremos daqui a vinte ou trinta anos, nosso planejamento anual, mensal, semanal e diário.

“

Perseguir uma meta sem cessar:
eis a chave para o sucesso.

Márcio Mitidieri

”

ADMINISTRANDO AS METAS

CONCEITOS INICIAIS

1. No modelo "APR", administrar para resultados predominará;
2. ter e administrar metas é o melhor caminho para o modelo "APR";
3. é preciso entender o significado da palavra *meta* em toda sua dimensão;
4. o nível de competitividade de uma empresa está diretamente relacionado ao seu comprometimento com as metas.

A meta pode ser entendida como o objetivo de forma quantificada. Quando usamos o termo meta, estamos nos referindo a tarefas específicas, que precisam ser realizadas de forma regular, para que se atinja os objetivos desejados.

Um ponto importante é que as metas devem ser temporais, ligadas a prazos, são aquelas pequenas tarefas que devem ser realizadas diariamente, semanalmente e mensalmente, para que se consiga alcançar o objetivo proposto, de forma organizada e planejada.

HABILIDADES E METAS

1. Habilidade é a capacidade de saber fazer acontecer: fazer uma teoria virar um produto;
2. produto é tudo aquilo que decorre do trabalho humano por meio de suas habilidades.

Sem certas habilidades é impossível um líder conduzir sua equipe na direção das metas.

Quais são essas habilidades?

GERENCIAL

- **Liderança**

  As habilidades presentes em um líder são a proatividade, o senso de comunidade e a eloquência. O líder é aquela pessoa que sempre visualiza o que é melhor para a equipe.

- **Negociação**

  É certo que muitas pessoas não se tornam líderes por serem intransigentes ou o oposto, flexíveis demais. Saiba que o gerente ideal negocia com todas as "armas" que possui. Essa habilidade pode ser adquirida através de estudo e treino.

- **Organização**

  De forma simplificada, as duas grandes habilidades necessárias aqui são *planejar* e *monitorar*. É necessário traçar metas, objetivos, ações, métricas e, além de tudo isso, acompanhar o desempenho do grupo durante o processo de produção.

- **Comunicação**

  Dar ordens, dirigir reuniões, são duas das muitas situações em que um líder necessita de fazer uso máximo de sua habilidade de comunicação. É importante sempre dar um feedback ao grupo sobre o andamento do processo através de reuniões mensais.

- **Determinação**

  É fundamental que o líder tenha a habilidade de tomar decisões definitivas, ou seja, é necessário definir um caminho com objetividade e clareza e segui-lo com convicção. Portanto, o líder deve fazer boas escolhas e se manter firme ao que foi planejado.

- **Flexibilidade**

Como consta acima, é preciso ter determinação, porém o mercado nem sempre é estável. Dessa forma, é crucial que o líder tenha a habilidade de se adaptar a novas situações, para que a empresa se mostre resiliente.

- **Motivação**

É crucial que o líder esteja sempre motivado. Por esse motivo, é fundamental fazer um ótimo planejamento, com metas e objetivos claros. Porém, mais do que se manter motivado, o líder precisa ter a habilidade de motivar a sua equipe.

- **Técnica**

As habilidades técnicas podem ser entendidas como o conjunto de conhecimentos técnicos que o líder possui e que o torna especialista em uma área. Estes conhecimentos podem ser adquiridos através de uma experiência prática e também de formações acadêmicas, treinamentos e cursos específicos.

As habilidades técnicas auxiliam o líder a realizar todos os tipos de tarefas, das mais operacionais às mais estratégicas. Também permitem a realização de tarefas que têm uma rotina bem determinada, ou seja, que se orientam através de padrões técnicos e que necessitam seguir uma certa coerência em sua realização.

Como exemplo temos as tarefas administrativas, como as relacionadas ao departamento financeiro ou de pessoal.

- **Humana**

Lembre-se de que empresas são constituídas por pessoas e para pessoas. Dessa forma, por mais desenvolvida tecnologicamente que ela seja, seu capital humano será o seu grande diferencial. Daí entendermos por que a capacidade de lidar com as relações interpessoais é tão importante para o crescimento de um negócio.

Dessa forma, um líder que domina essa habilidade relacional tem muito mais chances de ter sucesso em suas ações dentro e fora da empresa, pois atinge a capacidade de ter uma visão ampla da função de cada colaborador para a obtenção de suas metas e assim tirar dele o melhor que ele pode oferecer.

Além disso, o líder com boas habilidades interpessoais é capaz de:

- saber conversar;
- saber cobrar;
- delegar tarefas;
- desenvolver o potencial dos colaboradores;
- estimular o bom desempenho deles;
- cativar suas motivações.

O bom líder também é dotado de inteligência emocional; isso servirá para lidar com as diversas personalidades que transitam ao seu redor e também para manter-se firme e resiliente quando as dificuldades aparecerem.

Os líderes de sucesso normalmente são possuidores das três habilidades citadas acima.

ADMINISTRAR AS METAS, O QUE É?

- O resultado a ser alcançado;
- o início de qualquer processo gerencial;
- o caminho para a meritocracia.

“

Foque em pensar positivo e vai conseguir aumentar a sua produtividade.

Márcio Mitidieri

”

OS PRINCIPAIS TIPOS DE METAS

- Operacionais ou não críticas;
- estratégicas ou críticas.

As operacionais normalmente representam 70% das anomalias e devem ser resolvidas de dois a quinze dias.

As estratégicas demandam mais tempo, de quatro a oito meses, e envolvem o uso de técnicas e pessoas treinadas. Normalmente são subdivididas em ações corretivas (ou submetas).

OS COMPONENTES DE UMA META

TODA META DEVE TER:

OBJETIVO	Claramente definido e entendido por todos.
VALOR	Em qualquer unidade: R$, litros, kg, etc.
PRAZO	Muito bem definido e registrado.
RESPONSABILIDADE	Muito bem definida em seus diferentes níveis.
GERENCIAMENTO	Por meio do cronograma de metas.

OS OBJETIVOS FUNDAMENTAIS DA META

DOIS SÃO SEUS OBJETIVOS FUNDAMENTAIS:

MELHORAR UM PROCESSO

- Nesse caso, precisamos mudar e mexer nos processos;
- não é possível melhorar se não mexer;
- para melhorar é necessário mudar o processo (causa e efeito), não se melhora se não mexer nos processos.

MANTER UM PROCESSO

- Atuar para evitar o efeito *entropia* (efeito de degradação de um processo);
- manual de qualidade;
- procedimentos;
- célula cultural para qualidade;
- continuar atingindo expectativas do cliente, dando-lhe o que foi prometido, garantindo-lhe confiabilidade.

Para baixar o modelo de cronograma de metas, basta acessar o QR CODE:

CRONOGRAMA DE METAS

ESCANEIE-ME

Uma meta sem um plano
é apenas um desejo.

Márcio Mitidieri

ENTENDA UM POUCO MAIS SOBRE ESSE CAPÍTULO DIRETAMENTE DO AUTOR ESCANEANDO AQUI!

Capítulo 05

6

PARADIGMAS QUE NOS IMPEDEM DE CRESCER

A questão de se "enxergar oportunidades" está intimamente ligada aos paradigmas.

O que são paradigmas? Etimologicamente, esse termo tem origem no grego *paradigma*, que significa modelo ou padrão, correspondendo a algo que vai servir de modelo ou exemplo a ser seguido em determinada situação.

Em linhas gerais, define-se como filtros culturais e pessoais que nos impedem de ver melhorias ou oportunidades.

Se perguntássemos aos judeus da época de Jesus o que achavam daquela época, a resposta certamente seria: "É péssima. É pior que a época dos nossos antepassados." Essa resposta é idêntica ao que ouviríamos hoje ao fazer a mesma pergunta.

Se pedirmos a qualquer pessoa que compare sua época à anterior, ela sempre dirá que os anos anteriores foram melhores.

Os paradigmas mudam à mesma proporção e velocidade que o homem evolui, que as gerações evoluem.

Exemplo claro disso é que, anos atrás, éramos preparados para termos somente uma formação acadêmica: se a escolha fosse administração ou odontologia, seriamos administradores ou dentistas até a morte, e assim sucessivamente, independentemente da formação que escolhêssemos.

Dica: nós nunca vamos estar preparados para enxergar uma oportunidade de negócio, e para isso a gente precisa se despir desses filtros, que nos impedem de ver a oportunidade de negócios da vida da gente.

Eu diria que temos de ter um alarme ligado durante 24 horas para percebermos quando somos influenciados pelos paradigmas. Perdemos negócios, oportunidades e até a felicidade se nos deixarmos influenciar por esse conceito.

Para cada mudança de paradigma, devemos ficar atentos, para não voltarmos à "estaca zero"; ou seja, quando mudamos de paradigma, abrimos mão de tudo que nos dava segurança. Quando mudamos ou entramos em um novo patamar de negociação, é tudo novo – o volume de negociação, os lugares, as pessoas e a maneira de negociar.

Um exemplo claro disso é a negociação do café. Um produtor convencional está acostumado a vender seu café na cooperativa e receber em sete dias, o que lhe dá segurança. Ele sabe que pode contar com o dinheiro depositado em sua conta e até mesmo pedir um adiantamento. É uma negociação segura e que existe há muito tempo. Mas quando ele começa a querer produzir com qualidade e comercializar diretamente com um comprador internacional, ele não vai conseguir vender se permanecer preso aos antigos paradigmas; ou seja, ele terá de se preocupar com outras coisas que, antes, incluíam apenas produzir.

“

Os paradigmas são filtros que nos impedem de ver oportunidades nas mudanças.

Márcio Mitidieri

”

QUAIS SÃO ESSAS COISAS?

- Criar sua marca;
- ter sua comunicação;
- visitar compradores;
- receber compradores;
- fazer seu marketing nas redes sociais e estar antenado ao seu mercado;
- viabilizar novas formas de pagamento e gerenciar todos os mecanismos de exportação;
- saber a hora certa de vender seu produto, dentre outras.

Quando se começa a sair da paralisia de paradigma? Quando saímos do nosso conforto e começamos a buscar algo novo. Tudo o que é novo nos causa medo, e muitas vezes até nos fragiliza, mas não podemos estagnar. A partir do momento em que o processo é iniciado, vamos nos acostumando, até que essa nova fase se realize e se consolide.

Desta vez farei como um bom mineiro, contando um fato: estava em uma fazenda e o produtor reclamava de sua área para gado – um confinamento –, que não conseguia comprar gado e muito menos ter retorno de todo o capital investido. Fiquei com aquilo na cabeça.

No dia seguinte, segui para outra fazenda, e lá o dono falava: "É uma pena. Só não coloco mais gado aqui porque não tenho mais espaço nem comida para tratar".

De cara pensei: os dois poderiam fazer uma parceria. Passei a mão no telefone e liguei para aquele produtor que tinha comida e confinamento, porém não tinha o gado. Falei que estava com um conhecido dele e que ele precisava de um local para colocar mais gado. Caso tivesse interesse em fazer parceria, o negócio estaria fechado: o gado seria colocado em sua propriedade e, em contrapartida, receberia pela locação do espaço e pelo consumo da alimentação do gado. Assim, foi marcada uma reunião onde coloquei os dois frente a frente!

Não vão acreditar no que aconteceu: na reunião, falaram de tudo menos do aluguel do confinamento! Os dois foram influenciados pelo paradigma... um ficou com medo do outro lhe "passar a perna" e os dois perderam! Imaginem, no Brasil e no mundo, quantos negócios são perdidos por influência da paralisia de paradigmas...

“

Determinação é persistir pelo tempo
que for preciso para alcançar
o que é almejado.

Márcio Mitidieri

”

POR QUE VOCÊ NÃO VÊ AS OPORTUNIDADES?

O que são oportunidades e como saber onde estão? Por que não as enxergamos?

Se as oportunidades são acontecimentos favoráveis e capazes de melhorar nosso estado atual, trazendo benefícios, por que mesmo sendo favoráveis e capazes de agregar valores à nossa vida muitas vezes nos são imperceptíveis?

Em qualquer lugar do mundo, seja rica ou pobre a nação, é perceptível a presença do empreendedor, uma pessoa que se destaca independentemente da sua condição financeira e das adversidades por que passou e se sobressaiu.

O empreendedor – pessoa "chave" e visionária – é aquele que analisa, identifica, define, decide e monitora o desempenho do seu negócio. É aquele que se antecipa e implementa novos horizontes em busca de resultados eficazes. É aquele que enxerga ao longe as oportunidades.

Antigamente, as mudanças de paradigmas ocorriam quando se mudava de geração em uma família. Se perguntássemos a uma pessoa que viveu em Jerusalém na época de Cristo, certamente nos diria que Jerusalém já não era como nas épocas de seus avôs, exatamente como falamos hoje, mas com uma diferença: hoje mudamos várias vezes de paradigmas numa mesma geração.

Nesse choque de pensamentos, podemos afirmar que nada será igual e que a melhoria contínua será mágica.

Isso tem muito a ver com o nível de interiorização cultural e energético em que estamos, o que influencia diretamente se enxergaremos ou não as oportunidades.

QUAIS SÃO OS NÍVEIS DE CRESCIMENTO?

Nível 1. É o primeiro contato, quando chegamos em alguma empresa ou conversamos com alguém. É quando determinamos se existe conhecimento prévio de gestão ou de ferramentas de gestão. Permanecemos por um ano neste nível;

Nível 2. Já temos conhecimento das principais estratégias e buscamos nos reunir a fim de adquirir conhecimentos por meio de consultorias ou participando de cursos de formações. Já existem alguns indicadores e o planejamento orçamentário já está sendo construído. Isso vale tanto para pessoas físicas quanto jurídicas. A tendência é permanecermos, em média, dois anos neste nível;

Nível 3. Atingimos este nível após três anos e, se não tivermos um alto índice de rotatividade de mão de obra na empresa neste nível:

- já temos definidos claramente a visão, a missão e o negócio;
- temos as ferramentas sendo usadas com certa frequência;
- temos reuniões mensais de resultados;
- sistema de BI (Business Intelligence) com os principais indicadores estão sendo fechados;
- orçamento;
- planejamento de marketing rodando;
- meritocracia como objetivo principal.

A tendência é estabilizarmos essa etapa em quatro anos. Muitas empresas nunca chegaram a esse nível, pois, desde a primeira etapa, já se passaram oito anos, tempo que muitas jamais alcançam.

Nível 4. Este último nível é para poucos empresários e envolve:

- o planejamento estratégico com um horizonte de tempo estratégico de dez a vinte anos;

- orçamento já provisionado entre dois e cinco anos;
- planejamento de marketing e vendas entre dois e cinco anos;
- meritocracia e participação nos resultados;
- baixa rotatividade de mão de obra;
- avaliação dos funcionários;
- reuniões mensais de resultado sendo executadas perfeitamente;
- indicadores e BI rodando perfeitamente.

PENSAMENTO NEGATIVO E O FRACASSO

Você sabia que todos temos pensamentos negativos diariamente? Estudos revelam que temos cerca de 70 mil pensamentos a cada dia, e acredite, 90% deles são negativos.

Um dado alarmante não é mesmo? Mas podemos evitar esses pensamentos e com isso melhorar nossa qualidade de vida com pensamentos positivos.

Como podemos fazer isso? Temos vários caminhos, aqui vão alguns deles:

- ***aprenda a meditar:*** essa prática auxilia você a aquietar os seus pensamentos, a parar com os pensamentos negativos de forma gradual, lhe ensinando a reconhecê-los e deixá-los ir reorganizando a sua energia para um outro lugar;
- ***faça sempre o melhor:*** quando você tem consciência de que está fazendo o seu melhor, fica muito mais fácil banir aqueles pensamentos negativos de sua mente, você para com o processo de culpa, de julgamento de si mesmo;

- ***não deixe o passado interferir no seu presente:*** pense da seguinte forma: mesmo que você tenha errado cem vezes no passado, isso não significa que você será um eterno fracassado. Na verdade, o que acontece é que quanto mais nos debruçamos sobre o passado e nossos fracassos, maiores são as chances de fracassarmos também no presente;
- ***não se preocupe com o pensamento dos outros:*** lembre-se de que você nunca controlará o pensamento alheio, então não deixe que a negatividade dos outros o atinja. Existem algumas pessoas que têm o poder de deixar nosso dia sombrio com a mera aproximação. O processo é o seguinte: às vezes, entramos em sintonia com uma vibração/onda negativa, o que é muito ruim;
- ***pare de fazer suposições:*** esse ponto é muito semelhante ao anterior, ou seja, você não tem como saber que motivo levaria alguém a lhe fazer infeliz. Não pense que você é o centro do universo e que todos têm sempre algo a pensar sobre você;
- ***autossugestão:*** o uso correto e inteligente dessa técnica vai te auxiliar a quebrar o padrão de pensamentos negativos. Você pode até mesmo escrever o tipo de personalidade que deseja ter, o sucesso que deseja alcançar, o tipo de vida que merece ter. Escrevendo e repetindo isso a si mesmo você se autossugestiona e se impacta de pensamentos positivos;

Não há nada mais improdutivo que ser eficiente em algo que não produz valor algum.

Márcio Mitidieri

ENTENDA UM POUCO MAIS SOBRE ESSE CAPÍTULO DIRETAMENTE DO AUTOR ESCANEANDO AQUI!

Capítulo 06

7

COMO INICIAR A CAMINHADA

Faça seu plano de negócios! Quando resolvemos sair do meio da manada para seguirmos a caminhada do empreendedorismo, vivemos uma situação inusitada, pois temos sentimentos e pensamentos dos mais diversos.

O que me vem à cabeça é que fomos criados em uma sociedade que nos pré-formatou para uma vida em que nascemos, formamo-nos, arrumamos um emprego, casamos, temos filhos, nos aposentamos e morremos; é essa a formatação.

Aqueles que ousam sair deste ciclo pagam um preço bem caro para começar a caminhar, pois tudo e todos começam a falar: "Esse cara é doido, não vai dar certo".

Aí, permitimos que o paradigma nos faça voltar para o meio da boiada. Mas se tivermos foco, pensamento positivo e resiliência, conseguiremos alcançar o topo, e é disso que estou falando: do sucesso!

Temos de manter sempre nossa balança pendendo mais para o lado positivo e para o equilíbrio pessoal. Faça uma "limpa" em sua vida. Veja as pessoas verdadeiramente importantes, corte as pessoas negativas e lembre-se: **"Águia não anda com pardal".**

VOCÊ É ÁGUIA OU PARDAL?

A rede de contatos é muito importante e é o que vai alavancar seu negócio. Mapeie seu público, tente se relacionar com pessoas com valor agregado. *Lembre-se: você é a média das cinco pessoas com quem mais convive!* O que é isso? Se você, no dia a dia, convive com pessoas de um nível inferior ao seu, a tendência é que você se nivele a elas; ou seja, ao invés de evoluir, irá retroceder.

É importante que você conviva com pessoas que te inspirem, que possa aprender com elas, assim você subirá de patamar.

Às vezes nossa *régua de comparação* pode estar muito baixa. Precisamos usá-la de forma a aproveitar nossos relacionamentos para buscarmos oportunidades de negócios ou até mesmo indicações.

Como você vai conseguir fechar grandes negócios com empresas de pequeno porte? Não estou querendo ofender ninguém: cada um tem seu papel na vida. O importante é ser feliz. E é isso que quero deixar claro: temos de definir o que queremos.

CONTANDO UM CASO

Desde muito novo, fui criado para ser um funcionário e ter estabilidade. Cursando a faculdade, entretanto, fui tomado por um forte desejo e guiado por uma voz que dizia: "Saia do seu quadrado. Busque algo diferente". Foi uma luta interior muito grande.

Além de lutar comigo mesmo para mudar *meus paradigmas*, ainda sofria pressão externa de meus conhecidos e familiares para que eu voltasse atrás e mudasse de ideia.

Meu primeiro passo foi dado quando larguei meu emprego com excelente remuneração e comecei minha carreira solo. Foi um Deus nos acuda. Todos ficaram doidos comigo e ainda diziam: "Mas, Márcio, por que está fazendo isso? Deixe de ser bobo. Você não vai conseguir chegar lá trocando o certo pelo duvidoso."

Na vida, somos tentados e precisamos estar preparados. Muitos ficam preocupados e só aceitam riscos se tudo estiver claro. Mas se você fizer uma viagem até São Paulo à noite, não precisará que todas as estradas estejam iluminadas; precisará somente dos faróis do carro.

Muito cuidado com crenças limitantes, pois elas causam mais estrago do que os paradigmas. Destinarei um capítulo inteiro a esse tópico, pois é muito importante.

ATIVE SUA REDE DE CONTATOS

Também chamado de "rede de contatos", o *networking* é a maneira de criar relações profissionais em variados ambientes e usar essas mesmas relações para algum fim.

Pode ser para tornar as amizades mais fortes, estreitar relações comerciais ou para aproveitar oportunidades no mercado de trabalho.

Essa atitude divide opiniões. Há pessoas que consideram o *networking* como um conjunto de atitudes falsas, outras acreditam ser algo comum nas relações atuais.

O que devemos entender é que manter boas relações é crucial para qualquer pessoa, e quando se está ligado a uma rede de contatos profissionais há enormes benefícios na troca de informações e experiências.

No entanto, a todo momento estamos realizando ações que nos aproximam de várias pessoas, que antes não conhecíamos, seja em um curso, por exemplo. E isso pode estar diretamente ligado a diversos aspectos da nossa vida e não só ao aspecto social.

Pense comigo: onde gastamos a maior parte de nosso tempo? Como estamos lidando com as relações no trabalho? Essas relações são fundamentais para nossa carreira e negócios?

Vamos então entender como o *networking* é importante para que as relações profissionais se fortaleçam a atinjam os objetivos para os pontos relacionados abaixo:

- **carreira:** se relacionar com pessoas inspiradoras é uma oportunidade que temos para melhorar nossas ideias e elevar nosso potencial criativo. Manter-se ligado é uma maneira de aprimorar as oportunidades de crescimento e ganho de conhecimentos, para atingir os objetivos que temos em nossa carreira;
- **negócios:** no universo dos negócios, o *networking* é crucial. Buscar parcerias que tenham a visão igual, é uma ação que tem início bem antes de definir o que você vai oferecer no mercado;

Você já deve ter ouvido relatos de pessoas que conseguiram um bom emprego porque realizaram um excelente trabalho em lugares por onde estiveram. Também de empresas que motivam seus colaboradores a indicarem pessoas para fazerem parte do seu quadro de funcionários;

Então como fazer uma ótima rede de contatos e pertencer a este grupo de pessoas que é lembrado sempre que uma oportunidade surge no mercado? Bom, aqui vão algumas sugestões:

- **seja útil:** ajudar é a melhor maneira de iniciar. Mas ajudar de forma verdadeira. Verifique em sua lista de contatos quem você pode ajudar de verdade, sem pedir nada em troca. É bem provável que essa pessoa jamais se esqueça de você;
- **seja visível:** mantenha suas redes sociais atualizadas, pois quem é visto sempre é lembrado. Publique conteúdos relevantes para sua rede de contatos;
- **busque pessoas com interesses em comum**: lembre-se de que relações duradouras são aquelas que usam a mesma língua. Ter os mesmos interesses de sua rede de contatos é uma maneira de se manter atualizado na rede e principalmente, fazer parte dela.

Isso não quer dizer que você tem que estar sempre presente ou seu o número um na sua rede de contatos, basta seguir alguns passos fundamentais para ser lembrado sempre:

1. sua presença deve ser frequente. Não apareça somente nos momentos que te interessam;
2. participe de eventos que façam parte da sua rede de relações;
3. comunique-se com clareza, para que todos entendam abertamente as suas ideias;
4. exponha seus objetivos com as pessoas com quem tem mais afinidade;
5. leia, consuma conteúdo, esteja sempre bem informado;
6. compartilhe suas ideias e saiba ouvir as dos outros;
7. nunca fale mal de outras pessoas;
8. seja fiel e verdadeiro com sua rede de contatos;
9. mostre um interesse real pelos outros.

“

Pense no melhor; se prepare para o pior.

Márcio Mitidieri

”

ENTENDA UM POUCO MAIS SOBRE ESSE CAPÍTULO DIRETAMENTE DO AUTOR ESCANEANDO AQUI!

Capítulo 07

8

ESTÁ TUDO DOMINADO?

Não. Tudo está aberto a novos conceitos, e acharmos que não temos mais nada a aprender é o primeiro passo para o fracasso. É fundamental sermos humildes para recebermos um feedback de mente aberta e processá-lo a fim de termos uma "melhoria contínua", aplicando-a constantemente às nossas vidas.

Como diria um ditado árabe: "Quando estiver subindo, não pise nas pessoas, pois é inevitável que você as encontre quando estiver descendo". E essa é a mais pura verdade.

Entender o sentimento que temos e saber controlá-lo a nosso favor é uma briga diária. É muito importante estarmos focados.

A meditação é muito importante. Gosto de procurar no YouTube vídeos de meditação, pois lá temos várias opções. Escolha a que melhor se adeque a você; o mais importante é ter essa prática por pelo menos um mês. Não fique chateado se acabar dormindo durante a meditação guiada ou de frequência – não importa; seu subconsciente estará alerta: absorverá tudo e trabalhará nas mensagens.

Você terminará o mês sintonizado com o sucesso, terá pensamentos mais calmos e estará mais motivado.

A humildade é o que vai lhe trazer para o trilho certo. Pessoas humildes possuem a habilidade de aprender sem julgamentos, independentemente de quem ensina.

Entender que você não sabe quase nada e que por mais que tente, sempre haverá mais a aprender, muda a sua mentalidade a maneira de ver as coisas.

FALANDO EM MEDITAÇÃO, ELA SÓ NOS FAZ BEM

"Meditar" vem do latim *meditare*, que significa voltar-se para o centro e se desvincular do mundo exterior. A meditação está relacionada com a sua capacidade de concentração e também como sentir suas emoções.

Os orientais a praticam há milhares de anos, pois sabem que ela traz paz de espírito e algo muito importante também: o conhecimento sobre nós mesmos.

Mas não param por aqui os benefícios da meditação. Veja a seguir alguns dos principais, que podem te ajudar tanto na vida profissional quanto na pessoal:

- **desenvolve a concentração**: sobre isso falamos acima, mas como ela desenvolve nossa capacidade de foco? Ora, quando aprendemos a voltar toda a nossa atenção para coisas simples, como nossa respiração, por exemplo, se pensamentos começam a surgir em nossa mente, nos distraindo do nosso foco, logo os dispersamos e voltamos nossa atenção ao ponto em que estávamos. Isso é um verdadeiro treino para a concentração;
- **reduz o estresse**: ele nada mais é do que a falta de espaço em nossa mente, que está bastante atribulada, para avaliarmos melhor nossas tomadas de decisão. E quando isso acontece

ficamos extremamente tensos. A meditação faz com que esse espaço, que antes não existia, apareça, nos ajudando a identificar obsessões, nos traz um senso de calma e dessa forma conseguimos tomar nossas decisões de forma organizada e consciente;

- **controla a ansiedade:** praticando essa técnica de maneira regular, você se sentirá mais tranquilo e relaxado para viver o dia a dia, lhe dando resiliência para enfrentar os acontecimentos como eles verdadeiramente são, sem exageros ou pessimismo. Isso ocorre porque a meditação lhe ensina a controlar suas emoções;
- **combate a insônia:** como a insônia está muito ligada a uma mente agitada, acaba impedindo o relaxamento e o sono tranquilo. No entanto, com a meditação você acalma seus pensamentos, relaxa e tem uma noite de sono restaurador;
- **melhora o sistema imunológico**: a meditação tem esse efeito fortalecedor do sistema, porque ajuda a pessoa a lidar com o estresse e a ansiedade.

Não há bem que dure para sempre
nem mal que nunca acabe.

Márcio Mitidieri

ENTENDA UM POUCO MAIS SOBRE ESSE CAPÍTULO DIRETAMENTE DO AUTOR ESCANEANDO AQUI!

Capítulo 08

9

CRENÇAS LIMITANTES

Pense em um elefante que, quando pequeno, vivia amarrado a uma estaca da qual não conseguia fugir por não ter forças. Ao crescer, ele estará condicionado a não tentar mais escapar. O mesmo acontece com as pessoas; hoje temos diversos estudos que provam o dano psicológico causado àqueles que cresceram ouvindo que os únicos que podem ser ricos são aqueles que já o são. Essas pessoas provavelmente não conseguirão enriquecer.

As questões que podem influenciar nosso sucesso são:

1. A maneira como fomos criados;
2. a sociedade em que estamos inseridos;
3. o grupo de pessoas com quem convivemos;
4. as crenças e os costumes da religião a que pertencemos.

O mais importante é estarmos conscientes e querermos mudar. Neste sentido, devemos estar sempre atentos aos nossos paradigmas e criar uma forma de perceber quando estamos sob a influência deles. Dediquei um capítulo a esse tema.

BENCHMARK

Como é sabido, *benchmark* consiste em buscar as melhores práticas de gestão em uma determinada indústria. O objetivo disso é obter um desempenho superior nesses espaços. Por se tratar de um termo de origem inglesa, seu significado ainda não é bem entendido pelos empresários. Em suma, benchmark significa verificar as inovações e diferenciais competitivos de determinado segmento.

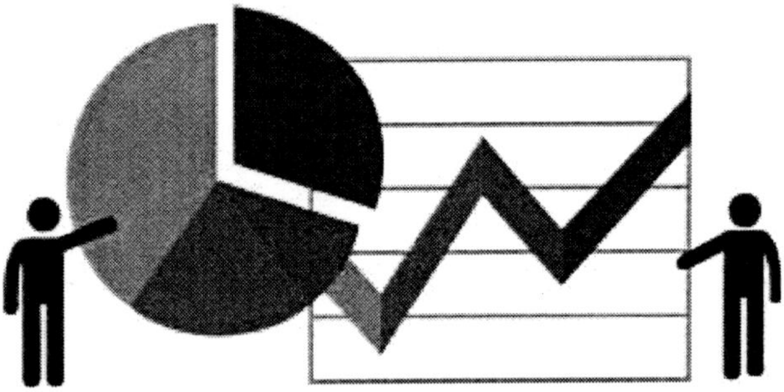

Sempre que visitamos um concorrente, seja ele uma fazenda ou uma empresa, vemos algumas inovações. Em termos simples, quando tais inovações representam uma melhoria significativa ao segmento, nós nos apropriamos da ideia e a copiamos. Tenha em mente, entretanto, que o *benchmark* não se resume a uma cópia, é algo mais profundo. Trata-se de enxergar, entender e melhorar um diferencial.

O que mais vejo como consultor são profissionais que não percebem nem acreditam nessas inovações.

CONTANDO UM CASO

Certo dia, procurávamos por uma maneira de reduzir o consumo de água na lavagem no café. Para quem não sabe, é necessário um litro de água para lavar um litro de café. Durante nossas pesquisas, descobri que um de nossos clientes encontrou uma forma de fazer o mesmo processo usando apenas 0,370 litros de água. Todas as vezes que mencionei esse índice a outro cliente, a resposta foi a mesma: é mentira. É impossível.

Sugeri a eles, então, que visitassem a fazenda e vissem por si mesmos. Eles não acreditaram nem quando ouviram da boca do proprietário da fazenda. Este, então, me ligou e disse o seguinte: "Não adianta mandar mais gente, não; eles não acreditam nem ouvindo a explicação, nem vendo o processo".

Esse é só um exemplo de como nossos paradigmas permitem que vejamos apenas o que nos interessa. E é assim que começamos a diferenciar aqueles que têm o empreendedorismo "na veia", ou seja, veem diferenciais em coisas que outros não veem.

Ao longo de nossas vidas como empreendedores, vivemos e experimentamos situações como a descrita no exemplo acima, mas precisamos aprender a tirar a venda de nossos olhos para possamos enxergar as vantagens que quebrar nossos paradigmas nos proporciona.

FALANDO MAIS SOBRE CRENÇAS LIMITANTES

Uma crença é um sentimento de certeza sobre alguma coisa, mesmo isso não sendo verdade. Quando cremos fortemente em algo, mesmo sem provas de que ele existe, aí temos uma crença. Esse tipo de sentimento está muito arraigado no ser humano. Existem diversos tipos de crenças, cada uma com suas características. Mas o fato é que elas são pensamentos extremamente íntimos para nós, que se transformam em pressupostos.

Podemos identificar duas formas de aparecimento de crenças:

- **Por repetição**: quando ouvimos, sentimos e vemos algo de forma repetida durante um longo período de tempo.
- **Por forte impacto emocional:** quando ouvimos, sentimos e vemos algo de uma maneira extremamente intensa. Como um trauma de infância por exemplo.

O QUE É UMA CRENÇA LIMITANTE

São aquelas crenças que não permitem que sejamos felizes, que nos impedem de realizarmos nossos sonhos, de subir na carreira e consequentemente melhorar nosso padrão de vida. Resumindo, são crenças que não permitem que você siga em frente, mesmo antes de tentar algo.

Como exemplo, podemos citar a seguinte situação: alguém sonha em elevar seu padrão de vida, ganhar mais dinheiro e assim adquirir sua casa própria. No entanto, sua família, que tem uma origem humilde, sempre lhe diz que a vida é dificílima, que ele não vai enriquecer nunca. Diz a ele para se conformar com o pouco que tem, porque é impossível mudar de classe social.

Essa é, de verdade, uma realidade difícil. O sonho é enorme e o caminho a percorrer é longo, mesmo que esteja longe de ser impossível. Mas, mesmo dessa forma, de tanto que ouviu a sua família lhe repetir aquilo, ele se convence de que não existe, de fato, como melhorar de vida. Então, ele nem tenta. Seu desejo termina ali mesmo, antes de começar.

QUAIS OS TIPOS DE CRENÇAS LIMITANTES?

- **Hereditárias:** são as que são passadas pelos nossos pais e o ambiente familiar no qual fomos criados. Podem variar de coisas muito simples, como uma superstição, por exemplo, para coisas sérias, como uma falha de caráter;
- **sociais:** são aquelas criadas em nossa mente que vêm de fora, para além de nosso meio familiar. Se refere ao que ouvimos e vemos na TV, na igreja que frequentamos, em nosso círculo social ou até no de nossos mentores;
- **pessoais:** são aquelas que advêm apenas de nós, ou seja, que impomos a nós mesmos. São criadas através de nossas experiências e das reações que temos a elas.

QUAIS OS IMPACTOS DAS CRENÇAS LIMITANTES NA VIDA PROFISSIONAL?

Todas as pessoas querem vencer na carreira, não é mesmo? Não existem pessoas que desejam ficar a vida toda fazendo de forma mecânica as mesmas coisas, sem subir de cargo e posição hierárquica, recebendo o mesmo salário, sem crescer em conhecimentos e vivenciar novas experiências. Porém, para atingir um objetivo ou meta na parte profissional é necessário fazer mudanças.

É necessário tentar, arriscar, falhar, errar e tentar de novo. E é nesse ponto que as crenças limitantes destroem todas as oportunidades de sucesso, elas acabam fazendo com que você entre em um processo de autossabotagem. Isso porque, se você não acredita que conseguirá, que é capaz de subir na carreira e ter um padrão de vida melhor, sequer tentará.

ENTÃO, COMO VENCER AS CRENÇAS LIMITANTES?

A primeira providência a se tomar é identificar quais são elas, fazendo uma autoavaliação detalhada e contínua. Claro que isso não é fácil de se fazer, pois essas crenças estão enraizadas. E você perceberá que possui muitas mais delas do que pode imaginar.

Faça um compromisso consigo mesmo e encare essas emoções todos os dias. Mantenha-se positivo, porque nós atraímos a energia que lançamos no universo e também a que carregamos conosco. Pense comigo: como você quer que coisas boas aconteçam se você não acredita nessa possibilidade?

Finalizando, não deixe que o medo o impeça de realizar as coisas, de se arriscar. Se o medo surgir, siga em frente e realize com medo mesmo. Tome uma atitude e abandone o conformismo e você conseguirá enfrentar as suas crenças limitantes de frente e aos poucos, abandoná-las de uma vez por todas.

Não espere momentos ruins para implementar novos projetos.

Márcio Mitidieri

ENTENDA UM POUCO MAIS SOBRE ESSE CAPÍTULO DIRETAMENTE DO AUTOR ESCANEANDO AQUI!

Capítulo 09

10

UMA CERTIFICAÇÃO COMO BASE DE MELHORIA DE SUA GESTÃO!

Com a evolução da tecnologia e da informação, os consumidores se tornaram mais exigentes quanto aos produtos, serviços e marcas que consomem. Assim, surgem as certificações, com o intuito de comprovar que a empresa obedece às normas estabelecidas pelos órgãos nacionais e internacionais.

Certificação, para que você entenda melhor, é um processo no qual uma entidade independente avalia se determinado produto ou serviço atende às normas técnicas. Essa avaliação é realizada por meio de auditorias no processo produtivo, na coleta e em ensaios de amostras.

A certificação é algo que comprova ao cliente que a empresa, quer seja pequena, média ou grande, busca a excelência organizacional.

O grande impasse no caminho e busca da certificação é o questionamento sobre o que a empresa poderá alcançar ao adquiri-la. A resposta está em três pontos fundamentais: aquisição de clareza na gestão, valor agregado na produção e sustentabilidade.

AQUISIÇÃO DE CLAREZA NA GESTÃO

Quando se tem metas claras e objetivos bem definidos, é possível indicar o caminho a ser percorrido para atingir o esperado. Empresas sem planejamento não sabem exatamente os resultados que estão buscando.

VALOR AGREGADO

Valor agregado é tudo aquilo que se pode oferecer em qualidade ao cliente quando este adquire um bem, produto ou serviço. São características que o cliente considera e o leva a escolha da aquisição.

SUSTENTABILIDADE

Quando se fala em sustentabilidade econômica, fala-se em gestão sustentável. É alcançar a valorização do capital financeiro, humano e natural da empresa por meio do incentivo dos processos.

99% dos clientes certificados, após cinco anos de certificação, garantem que alcançaram não somente o prêmio (valor do ágil financeiro pago pelo mercado pelo produto certificado) tão almejado no início, como também o aprimoramento na gestão, a eliminação de custos e desperdícios, e melhoria no relacionamento com os funcionários.

A visão macro do todo amplia a visão de negócio. Inicia-se, assim, a busca em não só fidelizar os clientes já atingidos, como também se lançar na procura de clientes diferenciados no exterior — exportação.

Quem são esses novos clientes? São aqueles com poder aquisitivo para pagar além do prêmio, para além do valor agregado pela qualidade que o produto ou serviço oferece.

Ao obter a certificação necessária para o segmento da organização, consequentemente haverá uma mudança cultural dentro da empresa. Mas para isso é fundamental que as pessoas entendam sua importância, bem como os benefícios alcançados.

O conhecimento sobre a implementação da certificação chega a todos os empreendedores e principalmente ao pequeno empreendedor que busca aprimoramento nos seus serviços e produtos.

Em linhas gerais, hoje entende-se por economia familiar um empreendimento com duas características principais: gestão ou administração familiar e trabalho predominantemente familiar.

E a certificação não é um "bicho de sete cabeças". Está ao alcance de todos.

Quando se pensa em certificação, logo vem à lembrança a palavra "custos". Aí se encontram o principal desafios:

- custo de fazer alterações estruturais, como o depósito de defensivo;
- custo na aquisição de EPIs — equipamentos de proteção individual de trabalho que garantem a redução de qualquer tipo de ameaça ou risco ao trabalhador;
- custo com treinamentos e capacitação do pessoal.

A modernidade tão assustadora traz consigo a necessidade de mudanças. As novas tecnologias que vêm ao nosso encontro devem ser vistas como recursos de crescimento e usadas a nosso favor.

Como exemplo, temos o smartphone. O item oferece a mesma funcionalidade do "antigo celular", combinado a recursos de computadores pessoais, com funcionalidades avançadas que podem ser estendidas por meio de programas e aplicativos executados pelo seu sistema operacional.

A modernidade também chegou aos pequenos produtores. A maneira de produzir já não é mais a mesma. O produtor está atento às necessidades de mercado e não se desanima diante desse "novo quadro". Sente que precisa inovar. Esse é o perfil do "empreendedor".

É necessário ter as informações básicas:

- caderno de campo: onde é anotado tudo o que foi realizado: o que foi aplicado, quem e quando se aplicou, se houve o manejo integrado de praga e doenças e se existe uma assistência agronômica de qualidade;
- pontos e questões que ajudam o empreendedor a diminuir os custos e aumentar a produtividade.

CREDIBILIDADE NO MERCADO

A coisa mais valiosa que uma empresa pode ter é a confiança do seu cliente, e o que faz os clientes confiarem em sua empresa é a credibilidade da sua marca. Entretanto, não é fácil conquistar essa confiança.

Sem confiança, o cliente não hesita em trocar seus serviços ou produtos pelos concorrentes que lhe pareçam mais confiáveis e capacitados. O cliente consegue perceber quando seu objetivo é ganhar dinheiro ou ajudá-lo no que precisa.

Pode acontecer, sim, de a empresa ter os propósitos errados ao prospectar um cliente, mas também é possível que esse cliente descubra outra empresa, cujos propósitos alinhem com os dele. Assim, seu concorrente conquistará o cliente que deveria ser seu.

Entender isso é muito importante para estabelecer a confiança dos seus clientes que, além de depositarem a confiança em sua empresa, serão os defensores da sua marca.

COMO POSSO CONQUISTAR ESSA CONFIANÇA?

Você precisa conquistar mais espaço no mercado? Três itens são essenciais: ter uma excelente reputação, credibilidade e a confiança dos clientes. Mas como conquistar tudo isso? Separei algumas formas para você seguir, confira:

- **Entregue algo de valor:** reputação, credibilidade e confiança são bens intangíveis que levam anos para serem conquistados e entregar produtos ou serviços que agreguem valor ao cliente é uma forma de atingi-los. Dessa forma, não ofereça algo comum ao seu consumidor, e sim vá além do que ele busca.
- **Comunique o real valor do seu produto ou serviço:** nunca supervalorize seu produto ou serviço, pois isso não trará bons resultados. Seu cliente logo perceberá que o que você prometeu não corresponde à realidade. Portanto esclareça o que realmente tem a oferecer. Isso fará com que seu cliente tenha mais confiança em você.
- **Cobre o real valor do produto:** ser ambicioso é bom para os negócios, mas ser ganancioso não, então, não tente elevar o faturamento de sua empresa superfaturando seus produtos. Como hoje os clientes têm acesso muito fácil à informação, logo perceberá que seu preço está acima do preço do mercado e procurará a concorrência.
- **Faça o seu pós-venda funcionar:** Mesmo que o seu produto ou serviço seja de alta qualidade, pode acontecer que um cliente fique insatisfeito e busque ajuda na central de atendimento para resolver algum problema. Nesse momento é necessário atendê-lo da melhor forma possível e resolver o que o está incomodando. Para que isso aconteça da melhor maneira possível, tenha uma equipe de pós-venda bem treinada e formada por pessoas capazes de lidar com clientes irritados e mal-humorados.

- **Respeite a concorrência:** Se um cliente faz comparações entre sua empresa e uma concorrente, atacá-la pode parecer tentador, porém fuja dessa tentação. Afinal, a realidade é que você não conhece verdadeiramente seu concorrente e, portanto, não pode responder por ele. A solução para uma situação como essa é destacar seus diferenciais, citar as vantagens de o cliente comprar em sua empresa, ser imparcial.

Além dessas formas, existem outras, tais como:

- Oferecer atendimento impecável;
- ter disposição;
- oferecer ótimas experiências com o seu produto ou serviço;
- criar parcerias;
- tratar cada cliente de maneira especial.

Entenda que a credibilidade não é conquistada de um dia para o outro. É o resultado de um trabalho contínuo, que mostrará os valores da sua empresa.

As dicas são apenas o início. Toda empresa necessita de estratégias elaboradas de acordo com seu nicho, seu público.

INOVE E CONQUISTE O MUNDO!

O conceito de inovação é muito usado nas diversas esferas, principalmente na empresarial. O ato de inovar significa a necessidade de criar caminhos ou estratégias diferentes aos habituais meios, para atingir os objetivos. Inovar é inventar, sejam ideias, processos, ferramentas ou serviços.

VOCÊ SABE AONDE QUER CHEGAR?

Na busca por uma consultoria, muitos empreendedores, em suas rotinas organizacionais, questionam a si mesmos e aos seus consultores sobre um ponto muito importante: qual o melhor caminho? Quais são os objetivos a serem seguidos? Se você não sabe que caminho seguir nem ao menos aonde quer chegar, então qualquer caminho serve.

É importante saber que existe uma diferença entre **meta** e **objetivo**. **Objetivo** é o resultado mais importante que você quer alcançar, e as **metas** são os resultados intermediários que você precisa atingir para alcançar o objetivo. Assim, vemos que, atingindo as metas, alcançaremos nosso objetivo.

Em minha trajetória de vida, sempre fui claro e objetivo. Sonhava em ser um consultor de carreira e, para construir isso, lancei-me na busca do aprimoramento e capacitações necessárias para que não só chegasse a meu objetivo, como também o fizesse com excelência.

Para cada área de nossa vida, estabelecemos objetivos e consequentemente metas para atingi-los. Desde um filho, uma empresa, o seu "eu" como empresário e como pessoa: os objetivos são distintos para cada área, assim como a metas, e é preciso delinear o caminho para alcançá-los de forma harmônica.

O ponto-chave para o sucesso e para estabelecer objetivos e metas para sua vida é saber o que quer.

Para ajudar a dar continuidade ao caminho em busca dos objetivos, temos hoje à disposição um serviço de aconselhamento especializado, realizado por especialistas em determinada área, que orientam a pessoa, seja no âmbito pessoal ou empresarial, ajudando-a a atingir seus objetivos, serviço esse chamado consultoria.

No processo de consultoria, assim como o consultor, o próprio cliente orientado tem responsabilidade no processo em prol da conquista de objetivos.

Trace metas e vá além delas. Mostre o seu serviço e o seu esforço, bem como a sua vontade de crescer.

Márcio Mitidieri

ENTENDA UM POUCO MAIS SOBRE ESSE CAPÍTULO DIRETAMENTE DO AUTOR ESCANEANDO AQUI!

Capítulo 10

11

SAIBA ESCOLHER UMA ASSESSORIA. CUIDADO PARA NÃO DESAPRENDER!

Ao longo de meus 30 anos de trabalho neste ramo, percebi que, quando os consultores chegam para prestar a consultoria, o que deveria ser o momento de aproveitamento máximo de conhecimento do consultor, alguns erros básicos põem tudo a perder.

É fundamental definir algumas ações básicas para garantir um maior aproveitamento da consultoria:

1º — Definir as pessoas que estarão presentes junto ao consultor. Por exemplo, o administrador, o auxiliar administrativo ou o produtor, para acompanhar de forma efetiva e tirar o maior proveito da consultoria.

2º — Usar agenda para as anotações.

3º — Organizar a estrutura das reuniões. Caso seja usado notebook ou computador, você deve deixá-los preparados; se for necessário o uso de impressora, é importante equipá-la com os recursos necessárias para uso (papel, tinta etc.); se houver a necessidade de arquivar documentação, preparar pastas com essa finalidade e o logotipo caso já o tenho (se não tiver, não tem problema). O mais o importante é deixar todos esses recursos preparados.

Fazendo isso, você terá o maior aproveitamento da consultoria, maximizando seus resultados.

Lembre-se: *custo* é quando você não tira proveito dos recursos que tem, e investimento é quando você usufrui ao máximo dos recursos disponibilizados em consultoria.

QUAL A DIFERENÇA ENTRE UM CONSULTOR E UM QUEBRA-GALHO?

O consultor é um profissional especializado em determinada área do conhecimento e, por isso, oferece suporte para pessoas e negócios, com o objetivo de qualificar seus resultados. Ele pode atuar tanto de forma autônoma quanto a partir de uma empresa de consultoria.

O apoio especializado para a definição e resolução de um problema minimiza as chances de falha em uma solução, dada a experiência – teórica e/ou prática – do consultor ou consultoria envolvida. Considerando o mercado cada dia mais concorrido, a minimização de falhas é uma grande vantagem competitiva.

Mas é importante ressaltar que o serviço de consultoria não é importante apenas para apoiar soluções de problemas: o apoio de consultorias pode ser essencial para melhorar processos, melhorar atividades e, justamente, evitar que problemas aconteçam.

Como faço para escolher uma boa consultoria técnica ou de gestão?

Esse é o questionamento de muitos. O primeiro passo é se certificar de que o consultor seja um consultor de carreira ou um profissional que esteja realizando um trabalho *free*, ou seja, que está desempregado e inicia a atuação em consultoria por período determinado, mas que na primeira oportunidade de trabalho o deixará.

O consultor de carreira tem por objetivo prestação de serviço, dará assessoria e não tem como finalidade ser mais um funcionário da empresa. Seu objetivo é levar a solução.

Antes de contratar, é fundamental ter referências de atuação desse profissional, seu histórico, visitar suas redes sociais, checar e obter informações sobre ele.

Seguindo as recomendações abaixo, você terá um bom prestador de serviço que agregará valor e não custo à sua empresa:

- **Verifique se o possível parceiro é confiável**

Lembre-se de que a partir do momento em que você ou sua empresa contratarem um consultor, tanto você quanto seus colaboradores trabalharão com ele de perto por um período longo, ou seja, ele terá livre acesso a informações confidenciais de seu negócio.

Você então precisa confiar no consultor e para isso é crucial que ele tenha cinco habilidades básicas, que são:

1. competência técnica;
2. conduta ética;
3. habilidades interpessoais;
4. transparência;
5. responsabilidade.

- **Converse abertamente sobre dinheiro**

Se sua empresa demorar muito tempo para perguntar sobre preços, poderá perder um tempo precioso tratando dos detalhes da consultoria, e no final das contas, irá decidir por não a contratar.

Portanto, vá direto ao ponto, pergunte antecipadamente sobre os requisitos do consultor e o valor da consultoria.

Então, com a orientação orçamentária, seu consultor poderá oferecer um plano direto e objetivo, que lhe levará aos seus objetivos da forma mais eficaz, isso dentro do orçamento que você dispõe.

- **Formule um *briefing* claro**

É preciso deixar muito claro para o consultor quais são seus objetivos de negócios, seus prazos e resultados esperados.

Para exemplificar, tenha seu consultor como um médico, ou seja, comunique a ele tudo o que tem necessidade de saber sobre seu negócio e os problemas que está enfrentando.

Como falamos acima: confiança é crucial.

Não se esqueça até daqueles detalhes que considera insignificantes, pois eles podem fornecer ao consultor ideias mais profundas sobre o problema, dando-lhe condições de resolvê-lo com mais eficácia.

- **Certifique-se de que estejam em sintonia**

Um dos pontos mais importantes é o claro entendimento entre você e o consultor. Lembre-se dessa frase: "As pessoas, às vezes, usam as mesmas palavras para falar coisas diferentes".

Portanto, explique sua terminologia ao consultor para ter certeza de que não haverá entendimentos ambíguos sobre o que você está verdadeiramente falando.

Entender de forma clara como a sua empresa se expressa ou define os termos auxilia um consultor a compreender melhor seus objetivos e se concentrar nos aspectos corretos do trabalho.

- **Defina o resultado**

Quando estiver trabalhando com o consultor, fique focado no resultado e não no tempo gasto para alcançá-lo.

Seja objetivo com o consultor sobre o escopo do trabalho e o resultado comercial que deseja atingir. Reserve um período para discutir e definir os resultados desejados.

Se você se concentra no resultado do negócio e não no tempo gasto em realizá-lo, passará a responsabilidade para a empresa de consultoria pelos resultados dentro do prazo previsto e também do orçamento que dispõe.

- **Não espere que seu consultor seja um visitante**

Lembre-se de que trabalhar com um consultor não é uma via de mão única. Portanto, não espere que ele alcance o objetivo seguindo o seu *briefing* e apareça somente quando concluir o projeto.

Trata-se de um trabalho que exige colaboração, em que ambas as partes precisam desempenhar um papel ativo. Então, não espere que seu consultor seja um visitante, e sim uma extensão de sua equipe.

“

Lembre-se: custo é quando você não tira proveito dos recursos que tem, e investimento é quando você usufrui ao máximo dos recursos disponibilizados em consultoria.

Márcio Mitidieri

”

ENTENDA UM POUCO MAIS SOBRE ESSE CAPÍTULO DIRETAMENTE DO AUTOR ESCANEANDO AQUI!

Capítulo 11

12

GERENCIAR É PRECISO!

O QUE É GERENCIAR?

Gerenciar é administrar negócios, bens e serviços com a visão do geral para o particular, sem jamais perder a visão do conjunto. Quem gerencia precisa ter "visão de satélite" e estar focado nos resultados.

PRINCIPAIS OBJETIVOS DE UM LÍDER

Um bom líder precisa conhecer e praticar a teoria dos quatro "Es" e, principalmente, colocá-la em prática em sua empresa.

O que significa teoria dos quatro "Es":

- **EFICIÊNCIA:** está relacionada ao volume, quantidade de trabalho desenvolvido pelo líder.

Seguem abaixo, para maior entendimento, as 6 características de um líder eficiente. Vamos conferir:

1. **Entendimento mútuo**

Ele estimula o compartilhamento de crenças e valores para motivar e fortalecer o entendimento mútuo. Compreende que o recurso fundamental da sua empresa é o seu capital humano.

Criando condições desafiadoras e oportunidades de aprendizagem e crescimento, o líder eficiente promove o alinhamento entre os objetivos organizacionais e os objetivos de profissionais e de equipes, obtendo, assim, um cenário onde todos possam dar sua contribuição de forma efetiva.

2. **Visão compartilhada**

Ele cria e compartilha sua visão com a equipe. A habilidade de ter uma visão ampla do conjunto e de compartilhar o que verdadeiramente é importante é uma de suas características. Dessa forma, provê clareza, contexto e direcionamento, para si mesmo e para sua equipe.

3. **Influência positiva**

Cria um cenário de cooperação e confiança. Liderar pelo bom exemplo e nunca se esquecer de dar *feedbacks* construtivos à equipe promove um ambiente agradável e o torna uma fonte de influência positiva e acima de tudo transformadora.

4. **Comportamento resiliente**

Dá força à equipe para superar os obstáculos sem perder a motivação. Encorajar o comportamento resiliente eleva o potencial de liderança, melhora o humor e promove a saúde mental e física, pois estimula a coragem e a habilidade de transformar as dificuldades em benefícios.

5. **Ideias viram ações**

Por um lado, ele encoraja a geração de ideias; por outro, fortalece o comprometimento da equipe para que essas ideias sejam realizadas. Como investe no desenvolvimento da sua equipe, cria um senso de colaboração em que todos ficam responsáveis pelo seu próprio desenvolvimento dentro da empresa.

6. **Aprendizado na prática**

A equipe aprende executando, o líder ajuda o time a estruturar, direcionar e otimizar o aprendizado com suas experiências e erros; dessa forma, ele se adapta à resolução de problemas.

- **EFICÁCIA:** está relacionada aos resultados alcançados em função do volume de trabalho desenvolvido.
- Assim como o líder eficiente, o eficaz também tem suas características. Menciono abaixo algumas delas:

a. **Liderar pelo exemplo**

O líder eficaz sabe respeitar e ser respeitado. Lembre-se de que ser líder é como viver em um aquário; todos te veem no papel de liderança. Dessa forma, ele necessita ter noção do impacto de suas palavras e gestos nas pessoas que estão ao seu redor. O líder deve estar atento ao fato de que tudo o que disser ou fizer será ampliado 10 vezes aos olhos e ouvidos da sua equipe.

b. **Qualidade de integridade**

Esta talvez seja a qualidade mais importante e respeitada de um líder: sua integridade. Na verdade, é uma qualidade que todas as pessoas necessitam ter, mas especialmente em um líder eficaz, ela é essencial. O que une todos os relacionamentos é a confiança. A vontade de confiar na equipe é fundamental para sua habilidade de exercer sua função de líder da melhor forma possível.

c. **Um líder eficaz tem visão clara**

O líder eficaz inicia sempre com as necessidades da situação. Ele tem visão e a habilidade de articular essa visão de uma tal maneira que toda a sua equipe vê e entende onde está indo. O líder bem-sucedido tem a habilidade de desenvolver uma visão clara de um futuro promissor do qual todos da equipe desejam fazer parte.

- **Efetividade:** está relacionada à constância no alcance de bons resultados. Mais acertos do que erros, crescimento profissional e financeiro. A efetividade vai muito além de executar uma atividade da melhor forma possível e com pouco desperdício de recursos (eficiência) ou de alcançar um determinado resultado com exploração do potencial e otimização das tarefas (eficácia).
- **Economicidade:** está relacionada à busca pelo menor custo, pelo equilíbrio permanente da relação custo-benefício.

RECURSOS ORGANIZACIONAIS QUE UM LÍDER NECESSITA CONHECER

Para facilitar a conceituação, resumiremos no quadro abaixo:

RECURSOS ORGANIZACIONAIS	UNIVERSO	ENSEJA
1. POLÍTICA; 2. ESTRATÉGICA; 3. TÁTICA; 4. TÉCNICA; 5. *PRAXIS*.	1. DOS FINS; 2. DOS MEIOS; 3. DOS ESQUEMAS; 4. DOS PROJETOS; 5. DAS ROTINAS.	• DIRETRIZES; • PLANOS; • PROGRAMAS; • PROJETOS; • PROCEDIMENTOS.

O LÍDER, O ATENDIMENTO, A EMOÇÃO E A ÉTICA

O líder que se prepara para enfrentar as megatransformações necessita conhecer, dominar e aplicar os seguintes conceitos:

- Atendimento como elo principal;
- inteligência emocional;
- comportamento ético.

ATENDIMENTO COMO FOCO E SEUS PRINCÍPIOS

É o atendimento que liga o fornecedor ao cliente para lhe vender um serviço ou produto, por essa razão é o elo principal.

PRINCÍPIOS FUNDAMENTAIS

- **Ser um líder atuante:** há bastante tempo existe uma diferença entre gestor e líder. O que se espera daqui para a frente é que o gestor assuma o papel de líder dentro da empresa. Um gestor não pode, simplesmente, ser alguém colocado em uma posição de poder hierárquico, somente porque traz mais dinheiro ou é ótimo em delegar funções, e sim alguém que seja capaz de estimular sua equipe e com isso obter os resultados desejados.

- **Assumir as responsabilidades:** é importante que o gestor tome a frente de suas funções e busque resolver os problemas enfrentados por sua equipe. Lembre-se de que quando um gestor se torna líder ele abre novos horizontes e dessa forma, permite que sua equipe alcance o sucesso;

- **Entender sobre as tecnologias:** é claro que o gestor não precisa entender tudo sobre cada novidade tecnológica surgida. Porém, nesse momento em que a tecnologia se tornou fundamental nos locais em que vivemos e trabalhamos, é crucial que os gestores entendam quais as tecnologias têm o potencial de trazer benefícios para a empresa.

- **Liderar pelo exemplo:** O gestor precisa ser a pessoa a mostrar um ótimo comportamento para abraçar novas metodologias ou um novo conceito. Um ponto importante é que ele nunca deve agir por impulso e sempre servir de modelo para sua equipe.

- **Pedir ajuda se necessário:** todo bom gestor deve reconhecer a hora de pedir ajuda, reconhecer quando estiver errado ou ainda quando não domina determinado assunto. Admitir suas fragilidades é o que leva à inovação e crescimento profissional e pessoal.

- **Acreditar na inteligência coletiva:** o bom gestor deve compreender e abraçar a causa de que ele não precisa ter todas as respostas e muito menos tomar as melhores decisões. É mais eficaz contar com a inteligência coletiva de uma boa equipe em vez de tomar decisões apressadas ou ruins para a empresa.

- **Ser um tomador de decisões:** os gestores são na maioria das vezes tomados com a função de "apagadores de incêndios", no entanto, o seu papel deveria ser o contrário. Eles devem ser tomadores de decisões e geradores de novas ideias que possam estimular os colaboradores para o crescimento da empresa.

- **Saber reconhecer os méritos:** reconhecer o ótimo trabalho de um colaborador é função do gestor. Essa é uma ferramenta de gestão que promove a satisfação do profissional, que o deixa motivado e consequentemente gera maiores resultados para a empresa.

- **Oferecer *feedback*:** o gestor deve se reunir com a equipe de forma periódica e oferecer feedback das atividades realizadas e do crescimento do profissional dentro da empresa, está é uma excelente forma de garantir que os trabalhos tenham uma continuidade e permaneçam alinhados no ritmo de produção.

- **Reconhecer os limites pessoais:** um bom gestor entende que os seus colaboradores têm o seu espaço próprio. O que isso quer dizer? Significa respeitar os limites pessoais de cada um e não se tornar invasivo no tocante a sua privacidade. Um líder precisa trabalhar para suprir as expectativas de sua equipe e, acima de tudo, respeitar os limites que existem entre chefia e subordinado.

- **Presteza:** desejo de ajudar o cliente. Deixar o cliente perceber sua vontade em ajudá-lo.

- **Competência:** ter capacidade técnica e cultural para ajudá-lo. Saber ouvi-lo.

- **Cortesia:** educação e respeito máximo no momento do contato.

- **Confiabilidade:** cumprir totalmente o que foi prometido e jamais prometer sem a garantia de cumprir.

- **Credibilidade:** transmitir confiança e honestidade ao cliente.

- **Imagem:** jamais permitir que o cliente forme uma imagem negativa sobre o gerente ou sobre sua equipe, pois tal imagem recairá diretamente sobre a empresa.

- **Comunicabilidade:** linguagem acessível, objetiva, sem rodeios desnecessários ou brincadeiras inoportunas.

- **Acessibilidade:** facilidade de contato, aberto para o contato, bom ouvinte, simpatia e bom humor.

- **Segurança:** jamais revelar segredos ou recursos de seus clientes para ninguém.

- **Adaptabilidade:** capacidade de administrar imprevistos e problemas inesperados.

Uma pessoa que nunca cometeu erros nunca tentou algo novo.

Márcio Mitidieri

ENTENDA UM POUCO MAIS SOBRE ESSE CAPÍTULO DIRETAMENTE DO AUTOR ESCANEANDO AQUI!

Capítulo 12

13

CRIATIVIDADE E INSPIRAÇÃO

CONCEITO

Criatividade é o ato de rearranjarmos o que já sabemos para descobrir o que não sabemos. **A criatividade e suas premissas básicas:**

- **IMAGINAÇÃO:** é a soma de imaginar + ação. Sinônimo de concepção, criação, devaneio, fantasia, idealidade, idealização e invenção;
- **INTUIÇÃO:** é uma forma de conhecimento que está dentro de todos nós, embora nem todas as pessoas saibam utilizá-la. Etimologicamente, explica Virginia Marchini, fundadora do Centro de Desenvolvimento do Potencial Intuitivo, de São Paulo, a palavra "intuição" vem do latim *intueri*, que significa considerar, ver interiormente ou contemplar. Resumidamente, é o fato de ver, perceber com clareza, sem intervenção do raciocínio.

COMO SER CRIATIVO

A pessoa que deseja aumentar sua capacidade criativa deve cultivar o hábito de ler, escrever, observar as coisas, principalmente a natureza, relacionando fatos, copiando e adaptando ideias. Eis algumas descobertas humanas:

OBSERVANDO O QUE O HOMEM CRIOU	
Criação do Homem	**Fonte Inspiradora**
Aviões	Pássaros
Rede de pesca	Teias de aranhas
Camuflagem	Camaleão
Submarinos	Peixes

Agora, como ser criativo no ambiente de trabalho?

Inovar é crucial para fazer com que uma empresa seja competitiva em sua área de atuação. Somente dessa forma ela se diferenciará da concorrência e se tornará uma marca única no mercado. Mas para alcançar esse objetivo, o líder necessita de estratégias que estimulem a criatividade no ambiente de trabalho, pois não é possível ter ótimas ideias se não forem oferecidas boas condições para isso.

Muitos acreditam que a criatividade é um dom, mas isso está errado. Qualquer pessoa pode ser criativa; para isso, porém, é preciso ter os hábitos certos. Por esse motivo, selecionei para você algumas dicas para lhe ajudar a estimular sua equipe a ser mais inovadora.

- **Faça reuniões de *brainstorming***

Trata-se de uma prática em que a equipe se reúne e debate ideias para resolver demandas específicas. Esse método, tem como vantagem, trazer olhares de diferentes pessoas a respeito de um mesmo problema. Dessa forma, se chega a soluções que nunca seriam encontradas se cada colaborador pensasse de forma individual.

Não é só através de reuniões que se faz o *brainstorming*. Uma forma interessante, é usar um quadro vazio em um local de fácil acesso e solicitar aos colaboradores que escrevam ideias criativas sobre determinado assunto. Assim, mais pessoas acabam dando opiniões, o que eleva o número de colaborações e, portanto, as chances de sucesso.

- **Aprenda a escutar**

Muitos líderes centralizadores pensam que podem solucionar todos os problemas sozinhos. Não tenha esse tipo de atitude em sua empresa. O princípio básico da inovação é estar aberto a novidades e sugestões, pois, para que boas ideias apareçam, é necessário haver lugar para elas.

Dessa forma, aprenda a escutar as opiniões de todos antes de tomar decisões importantes. Dê chances para que os colaboradores se expressem e realmente considere o que eles têm a dizer. Então, discuta cada questão com a equipe. Isso fará com que as pessoas percebam que suas ideias têm valor e se sintam mais valorizadas, estimuladas cada vez mais a darem opiniões criativas.

- **Não julgue**

Pense na seguinte situação: em uma reunião de *brainstorming*, um colaborador expressa uma ideia que todos acham absurda. No mesmo momento, muitos debocham e desconsideram a opinião. Se algo assim ocorrer, o colaborador em questão jamais sentirá segurança para expor uma ideia de novo e você perderá poder criativo na sua equipe.

Dessa forma, é crucial que todos percebam que, quando se trata de criatividade, não existe o absurdo, o ridículo. Então, deixe as pessoas livres para expressarem sugestões, por mais inviáveis que pareçam, não julgue as ideias, nem as descarte logo de cara.

Isso porque algo que parecia impossível pode se tornar algo genial após alguns ajustes, pois, são poucas as ideias que já nascem prontas, e a maioria necessita de um tempo para a sua maturação.

- **Desenvolva uma cultura de inovação**

É importante ressaltar que a criatividade não surge quando uma pessoa tira um tempo para pensar em ideias. Para que apareçam soluções boas, a inovação precisa estar no DNA da empresa, ou seja, todos os processos e rotinas de trabalho devem ser orientados com o intuito de tornar os colaboradores mais criativos.

Uma boa maneira de fazer isso é promover o intercâmbio entre os setores da empresa. Ter contato com rotinas de outras áreas, faz com que o colaborador saia da sua zona de conforto e além disso, faz com ele tenha uma visão diferente sobre a rotina da empresa. Outro ponto positivo está no fato de que criar relacionamentos com pessoas novas é extremamente benéfico para desenvolver a criatividade.

- **Crie um comitê de criatividade**

Criar um comitê para avaliar, analisar e pôr em ação as ideias dos colaboradores é uma excelente forma de estruturar a inovação dentro da empresa. Assim, fica-se sabendo como anda o engajamento dos colaboradores na sugestão de resoluções e cria-se formas de estimular ainda mais as sugestões.

Uma das funções cruciais desse comitê seria a valorização dos colaboradores mais criativos. Deve-se reconhecer e premiar esses profissionais que contribuíram com as melhores sugestões, fazendo com que eles recebam os devidos créditos e bônus. Além de satisfazer o colaborador em questão, a valorização motiva o restante da equipe.

- **Construa um espaço criativo**

Ter na empresa um local (pode ser uma sala) exclusiva para o pensamento criativo pode ser uma forma de estimular a inovação. Nesse espaço tenha livros, vídeos e jogos que promovam a criatividade. Lembre-se de que retirar o colaborador do ambiente corporativo comum e colocá-lo em um outro local, que seja diferenciado, produzirá um efeito fantástico, ele sairá da rotina e conseguirá pensar em ideias inovadoras.

- **Mantenha a equipe de olho nas tendências**

O colaborador criativo necessita de informação sobre todo tipo de assunto e ir além disso, estar atento às tendências da sua área de atuação. Assim fica fácil raciocinar e pensar em sugestões que estejam de acordo com as práticas do mercado global e com as necessidades da sociedade como um todo.

Uma forma de fazer com que isso aconteça é criar uma *newsletter* contendo as notícias e novidades na área de inovação e criatividade. Dessa forma, se faz uma espécie de curadoria vinculada ao conteúdo que o colaborador necessita aprender para se tornar capaz de contribuir com sugestões criativas para a empresa.

CRIATIVIDADE

A criatividade não é um dom especial que só algumas pessoas possuem.

Você pode desenvolver sua criatividade se buscar continuamente informações sobre tudo que o cerca, perceber todas as coisas que acontecem à sua volta e tiver curiosidade para descobrir o que se esconde nas aparências dos fatos, dos objetos e das pessoas.

A criatividade nada mais é do que a habilidade do ser humano de criar algo que seja original, com um objetivo em mente. Ela provém da busca por uma solução inovadora. Então, uma pessoa criativa, além de preocupar com o interesse do próximo, é curiosa, corajosa e não pensa de maneira convencional somente.

INSPIRAÇÃO

Saiba que a inspiração é valorizada de maneira especial em todo processo criativo, ou seja, surgem ideias de maneira espontânea e natural. Um escritor, por exemplo, precisa tirar o máximo que puder de seus momentos de inspiração, que são aqueles que não surgem de um planejamento, são imprevisíveis, acontecem de forma espontânea, brotam da mente, como eu disse anteriormente.

Como estamos citando o exemplo de um escritor, este se inspira em situações do cotidiano, em um filme, em um livro, ou em uma conversa que ouviu em um restaurante. A inspiração vem mostrar que o ser humano necessita sair do seu eu interior para aprender com os outros.

Podemos dizer que a inspiração é tudo que emana em você algo especial. Ela é agradável, porém todo artista reconhece que são poucos os momentos de inspiração quando se compara as intermináveis horas de trabalho que se tem pela frente. Por isso, para o artista, a inspiração chega por meio do trabalho.

Pessoas estressadas e cansadas possuem poucos momentos de inspiração, isto porque o estresse é esgotante por si só. É preciso estar relaxado e em harmonia consigo mesmo, para que a inspiração flua pelos seus poros e a mágica aconteça. Isso não é para qualquer um, mas é uma habilidade que pode ser trabalhada; fique mais em contato com a natureza, aprecie belas paisagens e os sons que elas produzem, estimulando nossos sentidos e liberando nossas emoções. Isso tudo é a mais genuína inspiração.

"A criatividade sem retorno financeiro não faz de você alguém criativo."

Márcio Mitidieri

ENTENDA UM POUCO MAIS SOBRE ESSE CAPÍTULO DIRETAMENTE DO AUTOR ESCANEANDO AQUI!

Capítulo 13

14

O QUE MOVE VOCÊ PARA A AÇÃO?

O que nos move para a ação? A resposta é curta e rápida: a motivação. E o que é motivação? O que é preciso para motivar as pessoas: salário altos, programas de incentivo, tapinha nas costas? Qual é a importância da motivação para o sucesso de uma empresa, de um negócio, de uma carreira ou de uma pessoa?

Perguntas como essas nos ajudam a compreender a importância da motivação, que é a mola propulsora de nossas ações e nos impulsionam rumo aos nossos objetivos.

CONCEITOS BÁSICOS

A motivação é um conjunto de forças internas e externas (emoções) que levam à ação por meio de comportamentos. É ela que faz com que as pessoas deem o melhor de si e façam o possível para conquistar o que almejam.

Motivação é ter motivos para trabalhar, dedicar-se, aprender, querer vencer e se comprometer com algo. Mas é preciso deixar claro que ninguém "motiva" ninguém, é a própria pessoa que se motiva.

A verdadeira motivação é a automotivação. Ela vem de dentro para fora, está no propósito de vida, está naquilo que depende apenas de nós mesmos para alcançar.

O QUE A EMPRESA PODE E DEVE FAZER?

A motivação extrínseca, por sua vez, está relacionada a fatores externos, e são eles que as organizações têm o poder de identificar e estimular.

A motivação no ambiente de trabalho é a união de comportamentos e razões capazes de impulsionar as atitudes dos colaboradores. Quanto mais motivada, melhor será o desempenho da equipe e, consequentemente, da empresa.

Como a empresa pode e deve fazer para estimular seus colaboradores:

- criar contingências necessárias à motivação;
- criar um "clima" em que as pessoas se sintam motivadas a realizar algo;
- identificar reativos, reeducá-los;
- combater e prevenir a "síndrome da passividade";
- procurar consolidar sua "célula cultural para a qualidade";
- desenvolver fatores de motivação.

Além desses vamos detalhar mais alguns:

- **Flexibilize o horário de trabalho**

Um colaborador que trabalha na empresa, em um escritório, 8 horas por dia, sabe que nem todos os 480 minutos serão sempre de máximo aproveitamento.

Então, é preciso ter um espaço para a negociação de horário; isso fará aumentar a motivação nas horas ativas. Seja observador: perceba se um profissional está preocupado, se tem problemas de saúde, com a família, dentre outros.

Nestes casos, obrigá-lo a permanecer horas na empresa não é a solução mais inteligente, já que ele poderá perder o foco e inclusive errar em suas atividades cotidianas.

- **Negocie dias de home office**

Não se pode negar que o estilo home office vem conquistando aos poucos seu espaço nos diversos tipos de empresas. A responsabilidade, a liberdade e a economia são apenas alguns aspectos das principais vantagens do home office.

É óbvio que testes precisam ser executados para garantir que o colaborador tenha um comprometimento total, estando em casa ou no escritório. Então, pode-se começar negociando pelo menos um dia de home office com cada membro da equipe; esta pode ser uma ótima forma de trazer motivação e criar um vínculo maior de confiança.

- **Não seja chefe, seja líder**

Não fique hierarquizando a todo momento e mostrando que sua palavra é que decide tudo. Tenha um espaço para comunicação na empresa, isto gera um ótimo relacionamento entre gestores e colaboradores.

Aprenda a ouvir e seja um líder que motiva seus colaboradores a caminharem junto com você. Não queira ser mais um chefe e sim um líder. Tendo alguém em quem se inspirar, o colaborador se sentirá mais motivado.

- **Estabeleça planos de carreira**

Não adianta nada pensar em várias ações pontuais, mas não promover metas e perspectivas de longo prazo juntamente com seus colaboradores.

Os colaboradores não ficam motivados caso não exista um plano de carreira bem estruturado para eles.

Para prevenir um sentimento de estagnação, tenha conversas periódicas sobre a carreira do colaborador e siga o plano alinhado.

- **Crie um ambiente saudável de trabalho**

Promover um ambiente de trabalho saudável começa com a priorização da comunicação e vai até a observação de dificuldades e possíveis melhorias em sua rotina, como por exemplo a utilização de ferramentas para reduzir trabalhos operacionais e a garantia de construir uma estrutura que tenha qualidade para realizar o trabalho com toda a sua capacidade.

PRINCIPAIS FATORES DE MOTIVAÇÃO

Pesquisas recentes, como a do site, mostram-nos que:

- salários e benefícios são fatores básicos; porém, isoladamente, podem não produzir efeitos favoráveis;
- existem centenas de pessoas que ganham muito acima da média e não são comprometidas com o sucesso da empresa;
- iniciativa e autonomia são fortíssimos fatores hoje, e serão muito mais no futuro.

DICAS PARA MELHORAR A MOTIVAÇÃO NO TRABALHO

- **Trate todos de forma igual**

O primeiro passo a ser tomado para melhorar a motivação no trabalho é pensar que mesmo que você seja um superior hierárquico, todos são iguais, são seres humanos da mesma forma e, portanto, merecem ser tratados da mesma forma.

Nunca um colaborador pode se sentir inferior em comparação a outro, porque todos têm o seu grau de importância para que a empresa funcione bem.

Respeito é a palavra-chave de qualquer convívio, seja ele dentro de uma empresa ou em um outro ambiente. Nunca deixe de cumprimentar alguém, esforce-se para ter um contato mínimo que seja, para ser agradável com todos.

- **Reconheça o valor que cada um possui**

Quando um colaborador executar um ótimo trabalho, por que não o elogiar? O reconhecimento deve ser algo comum no dia a dia para a motivação no trabalho surgir de forma natural.

Reconhecimento e orientação vindos de um líder mostram aos seus colaboradores que ele se importa com os mesmos e consequentemente, a empresa também. Lembre-se: reconheça as conquistas, vibre com as vitórias e participe das comemorações.

- **Metas**

Crie metas que sejam alcançáveis conforme o mercado. Isso é crucial para manter a motivação dos colaboradores. Alguns líderes traçam metas irreais para que os colaboradores nunca consigam atingi-las e assim não precisam entregar nenhum tipo de bonificação. Essa é uma atitude totalmente errada!

Portanto, trace metas realistas, que estimulem o crescimento do colaborador e quando atingidas dê bonificações, afinal eles deram o melhor de si.

- **Invista em capacitações e atividades extras**

É impossível que alguém saiba tudo sobre algo. Manter o conhecimento atualizado é fundamental em qualquer área de atuação. Dessa forma, invista em capacitações através de cursos e treinamentos. Assim, além de ter um colaborador mais qualificado, ele se tornará um especialista em sua área e poderá transmitir o seu conhecimento aos outros.

- **Passe *feedbacks***

Saiba que *feedbacks* são precisos em qualquer circunstância, podendo ser negativos ou positivos. Consiste em uma forma de mostrar ao seu colaborador que o trabalho que ele está executando está bem-feito, ou se são necessários alguns ajustes, com o intuito de que esses erros não sejam cometidos novamente.

- **Designe as pessoas certas para os cargos**

É essencial que o colaborador atue na área com a qual se identifica, isto porque ninguém se dedica 100% a algo que não gosta. Dessa forma, para manter a motivação no trabalho, dê liberdade para que os colaboradores também forneçam feedbacks.

- **Empodere seus colaboradores**

O colaborador precisa saber que seu trabalho é importante. Eles têm que entender que trabalham por uma causa maior, isso dará mais sentido as ações rotineiras, por mais mecânicas que possam ser. O colaborador acaba se sentindo desmotivado se não souber que a tarefa que está executando interfere em outras áreas da empresa, ou seja, ele precisa sentir que faz parte do processo.

"O ser humano se orgulha e valoriza o que ajudou a construir. Esse orgulho é o que o deixará motivado."

Márcio Mitidieri

PREMISSAS DO PASSADO

Com as mudanças aceleradas no ambiente de negócios, os gerentes são cada vez mais confrontados por situações que, mais do que apenas análises técnicas, exigem o uso da intuição.

As premissas do passado são muito diferentes das de hoje, conforme demonstraremos.

- Situações complexas e não analisáveis;
- soluções imprevisíveis;
- soluções prognosticáveis;
- oportunidades óbvias;
- condições inalteráveis;
- situações programáveis.

FLEXIBILIDADE É A PALAVRA DE ORDEM

Daqui para frente, a eficácia consistirá em formular as perguntas certas e respondê-las. São habilidades que exigem senso intuitivo e capacidade de descobrir novas maneiras de fazer as coisas. É preciso ser cada vez mais versátil, cada vez mais flexível, estar voltado para o futuro. É preciso enxergar a floresta, em vez de se deter sob determinada árvore.

A flexibilidade é um dos maiores desafios de um líder, visto que há uma linha tênue sobre onde termina a flexibilidade e começa a insistência.

Todo líder precisa ser persistente e nunca desistir diante das barreiras, mas é necessário conhecer os limites e perceber a realidade dos outros. O desafio da flexibilidade está em perceber constantemente que na comunicação nem tudo é verdade absoluta e que existem outras realidades.

Quando temos condições de desenvolver a flexibilidade, ouvimos mais e também ficamos mais tolerantes no momento de analisar os fatos. Damos tempo ao tempo para pensar sobre as várias versões e só após uma profunda análise, podemos tomar uma posição e, mesmo assim, o líder flexível sempre deixa um espaço aberto para continuar a analisar o assunto em questão, especialmente quando há chances de melhorias.

A confiança não vem do ato de estar sempre certo, mas de não ter medo de estar errado.

Márcio Mitidieri

ENTENDA UM POUCO MAIS SOBRE ESSE CAPÍTULO DIRETAMENTE DO AUTOR ESCANEANDO AQUI!

Capítulo 14

15

ESTÁ PREPARADO PARA PASSAR A BOLA?

Sucessão e família são coisas que, se não forem bem planejadas, podem inviabilizar todo o sonho.

O que nos vem à cabeça quando ouvimos ou lemos a expressão "passar a bola"? É uma expressão muito usada dentro e fora dos campos de futebol, e significa passar a vez, passar a responsabilidade, passar a palavra para outra pessoa.

Não é tão difícil pensar nessa situação quando se tem filhos e, além da casa, divide-se com eles o mesmo ambiente de trabalho.

É imprescindível entender que um adolescente do século XX terá características diferentes de um adolescente do século XIX. E, na convivência, percebe-se a necessidade de compreensão dessas diferenças.

Pais e filhos não pertencem à mesma geração: nasceram em épocas diferentes, apresentam características, pensam e agem de formas distintas.

Quais "gerações" são essas e como são classificadas?

Quem são as pessoas classificadas como "da geração X"? Abarca as pessoas que nasceram após o fim da Segunda Guerra Mundial até as nascidas no início dos anos 1980. São pessoas que buscam a individualidade sem a perda da convivência em grupo; que têm maturidade e buscam produtos de qualidade e inteligência.

Já a chamada "geração Y" abrange as pessoas nascidas no início da década de 1980 até ao fim da década de 1990; segundo alguns autores, ela pode se estender até os primeiros anos dos anos 2000. Como características, aponta-se: estão sempre conectadas, procuram informação fácil e imediata; digitam ao invés de escrever à mão; preferem e-mails a cartas; vivem em redes de relacionamentos virtuais; compartilham tudo o que é seu: dados, fotos, hábitos e estão sempre em busca de novas tecnologias.

Como lidar com essas diferenças? Não há segredo. O mais importante é perceber e ter a humildade e a capacidade de querer ensinar.

Mas o que fazer quando o jovem não está assimilando aquilo que se quer ou se espera dele? Nem sempre o caminho que o pai seguiria é o mesmo que do filho. O que importa não é o caminho, mas se o resultado foi atingido.

Como exemplo, cita-se o treinador de vôlei Bernardinho, que, nas últimas Olimpíadas, não gritava da "beira da quadra" com os jogadores. E qual foi o motivo? Ele já sabia que, com essa geração, somos bloqueados se gritarmos.

Essas são as dicas:

- desde que chegue no mesmo lugar, aprenda a ir por caminhos diferentes;
- se tiver algum tipo de atrito, evite partir para o grito, porque o resultado pode ser negativo;
- se o relacionamento desabar, a sucessão nunca vai acontecer.

Mude ou se adeque para conseguir se diferenciar e impactar.

Márcio Mitidieri

ENTENDA UM POUCO MAIS SOBRE ESSE CAPÍTULO DIRETAMENTE DO AUTOR ESCANEANDO AQUI!

Capítulo 15

16

BUSCANDO RESULTADOS EXTRAORDINÁRIOS

O nível de competitividade de uma empresa está diretamente relacionado ao seu nível de envolvimento com resultados.

O grande segredo é correr sistematicamente atrás de resultados (conceito Kaizen vem do Japonês e significa "mudança para melhor"). Entretanto, sabemos que as empresas apresentam diferentes níveis de atuação, e o motivo principal para tais diferenças está nas variadas habilidades de seus diretores, gerentes e líderes.

Você sabe que estamos passando por um período de mudanças, principalmente nas organizações. Por esse motivo, além da competitividade há um cenário instável economicamente, que nos faz refletir muito antes de tomar uma decisão, por mais simples que ela seja.

E quando estamos buscando um planejamento para amenizar prováveis impactos organizacionais, há a responsabilidade das empresas de otimizar seus processos, alavancar resultados e consequentemente melhorar a performance da equipe para saber lidar com a execução dos objetivos propostos.

Mas como unificar estas responsabilidades e dar um resultado positivo às empresas?

Isso é possível se falamos em *coaching*.

O *coaching*, na área empresarial, objetiva desenvolver as habilidades do líder, para que a gestão se torne mais eficaz, trazendo resultados positivos para a empresa, alinhando a liderança às metas da organização, visando o desenvolvimento do capital humano e da melhor qualidade de vida.

O processo de *coaching* instaura nos colaboradores o fortalecimento da motivação, elimina as crenças limitantes, aumenta a autoestima, fortalece as relações e os respeito entre os colaboradores e os líderes e os torna motivados para o trabalho de maneira contínua, em um processo cujo objetivo visa o equilíbrio entre o desenvolvimento das pessoas e os desejos da empresa.

O *coaching* tem os objetivos que compreendem ainda o desenvolvimento dos líderes, competências de gestão, melhoria nas relações interpessoais, motivação, foco, desenvolvimento de grupos, preparo para promoção e aceleração dos resultados e do alinhamento sistêmico dos colaboradores à cultura da empresa.

O QUE É E COMO SE CLASSIFICA A HABILIDADE

Habilidade é a capacidade de saber fazer. Para exemplificar, uma pessoa pode conhecer muita teoria sobre determinado assunto, mas não tem habilidade para fazer acontecer, fazer virar um produto.

MERITOCRACIA COMO MODELO DE GESTÃO

A gestão de resultados se direciona para o cumprimento de objetivos e metas baseados nos valores definidos pela empresa. A gestão por resultados tem como fundamento o comprometimento real da equipe e o empenho de todos, inclusive dos gestores, para o cumprimento da meta.

É basicamente fundamentada nos pilares:

- o treinamento operacional;
- a melhoria contínua do processo;
- a polivalência operacional e o desenvolvimento dos recursos humanos;
- a recompensa financeira pelo resultado obtido.

Esses são fatores importantíssimos para o modelo "administração por resultados".

MÉTODO

DEFINIÇÃO BÁSICA

Método = Methodo. Nessa palavra temos dois significados: Met = Meta e Hodo = Caminho, ou seja, "caminho para a meta"!

A INFORMAÇÃO E O CONHECIMENTO

A informação é um conjunto organizado de dados que constitui uma mensagem sobre determinado fenômeno ou evento. Ela permite resolver problemas e tomar decisões, levando em conta que o seu uso racional é a base do conhecimento.

Já o conhecimento é o conjunto de informações que o indivíduo adquire por meio da sua experiência, aprendizagem, crenças, valores e *insights* sobre algo no decorrer da sua trajetória. A pessoa que detém o conhecimento é capaz de saber alguma informação e pode mudar comportamentos e auxiliar na tomada de decisões.

Normalmente as empresas têm a informação, mas não o conhecimento. Para tê-lo, é necessário processar as informações e se aprofundar na análise delas.

É preciso comparar o ideal com o real, onde estamos e onde podemos chegar.

PADRONIZAÇÃO DOS PROCEDIMENTOS

Não é necessário escrever tudo o que é feito, mas é necessário fazer tudo o que está escrito.

Não seguir nem respeitar procedimentos é um ato de indisciplina e não deve ser tolerado.

MELHORIA CONTÍNUA DO PROCESSO

- É muito difícil manter a melhoria contínua do processo sem um bom sistema de participação em resultados. A melhoria contínua nada mais é do que o contínuo alcançar de metas. Existem literaturas e cursos específicos sobre PPRL (Programa de Participação nos Lucros e Resultados), também com o título de PRL (Participação nos Lucros e Resultados) e Salários Variáveis;
- nenhuma empresa poderá ser competitiva se não trabalhar permanentemente em busca de metas;
- quanto maior for o número de pessoas comprometidas com o processo, maior será o número de metas atingidas, que é o princípio do modelo APR - administração por resultados.

O QUE VOCÊ PRECISA SABER SOBRE O PPR (PROGRAMA DE PARTICIPAÇÃO NOS RESULTADOS)?

- **O programa de participação nos resultados deve seguir alguns preceitos**

O PPR (programa de participação nos resultados), em geral, segue algumas normas, como por exemplo: ser desenvolvido pela participação dos colaboradores, representados por um comitê; possuir metas alcançáveis e bem definidas e também criar indicadores que possam ser medidos.

A divisão deve ser executada de maneira justa, e pode ser proporcional aos salários ou igual para todos os colaboradores.

- **As metas podem ser individuais ou estabelecidas por áreas**

Quando as metas são desenvolvidas por área, avalia-se o resultado do grupo. Quando a meta é individual, no entanto, avalia-se e faz-se a remuneração conforme o resultado alcançado pelo colaborador.

- **As metas devem refletir nos resultados da empresa**

Estabelecer metas inalcançáveis, não envolver os colaboradores na criação do processo, não realizar projeções de resultados e não homologar no sindicato representativo são erros muito sérios cometidos em relação ao PPR (programa de participação nos resultados).

- **Funcionários temporários ou em período de experiência têm direito ao PPR (programa de participação nos resultados)**

Têm direito a recebimento do benefício os colaboradores contratados pelo regime da CLT, mesmo que sejam temporários ou estejam no período de experiência. Outro ponto importante é que a empresa pode expandir o benefício aos colaboradores que não sejam registrados, isso através de acordo coletivo ou regulamento interno.

- **O pagamento do PPR (programa de participação nos resultados) não é obrigatório**

  Saiba que as empresas não são obrigadas a pagar o PPR (programa de participação nos resultados), desde que não esteja previsto no acordo coletivo, convenção coletiva, contrato de trabalho ou regulamento da empresa. Isso quer dizer que, dentro da lei, a empresa não é obrigada a pagar o benefício, porém, a maioria das convenções coletivas prevê o pagamento do mesmo.

- **Como o PPR (programa de participação nos resultados) influencia a cultura da empresa**

  O PPR (programa de participação nos resultados) desonera a folha de pagamentos da empresa, porque não ocorre incidência de encargos trabalhistas ou previdenciários sobre os valores desse benefício. Então, para a empresa é uma excelente forma de estimular economicamente seus colaboradores, sem comprometer o orçamento com obrigações trabalhistas.

O QUE VOCÊ PRECISA SABER SOBRE A ADMINISTRAÇÃO POR RESULTADOS

Saber identificar e calcular o risco de se expor a um perigo específico é a melhor forma de avaliar se aquele risco é controlável e aceitável, e é para isso que serve uma APR, para prever prováveis riscos e planejar meios para controlá-los.

- **A importância da administração por resultados**

  A segurança e a integridade dos colaboradores, deve vir em primeiro lugar. Além dos perigos mais evidentes que o ambiente de trabalho oferece, devemos lembrar daqueles perigos que passam despercebidos e que somente se tornam conhecidos depois que os acidentes acontecem.

“

Decisões têm consequências.
Indecisões, também.

Márcio Mitidieri

ENTENDA UM POUCO MAIS SOBRE ESSE CAPÍTULO DIRETAMENTE DO AUTOR ESCANEANDO AQUI!

Capítulo 16

17

PODER, INFLUÊNCIA, CONFLITOS E GERÊNCIA PARTICIPATIVA

O QUE É PODER?

É o direito de determinar estratégias, critérios e ações. O poder é proveniente de várias fontes (ou vários tipos de poder).

PRINCIPAIS TIPOS DE PODER:

- **FORMAL:** baseia-se na autoridade registrada. Exemplo: circulares, manuais, descrição de cargos, organogramas etc.
- **INFORMAL:** caracteriza-se pela facilidade de acesso. **Exemplo:** você jogava bola com o Dr. João, hoje presidente da empresa. O diretor geral é seu cunhado etc.
- **PROPRIEDADE:** o proprietário inerentemente possui poder, é o "dono da bola."
- **TRADIÇÃO:** poder baseado na situação, sempre foi assim. Não há registro para tal autoridade, mas, tradicionalmente, ela tem o poder.
- **INFORMAÇÃO:** poder baseado no domínio de informação e conhecimento sobre determinados assuntos importantes para a empresa.

- **COMPETÊNCIA:** poder baseado em habilidades estratégicas, técnicas, ferramentas gerências, planejamento etc.

PRINCIPAIS PREMISSAS DA ADMINISTRAÇÃO POR INFLUÊNCIA

PROCURE ORDENAR E PRIORIZAR SEUS PENSAMENTOS E AÇÕES	USE O FEEDBACK POSITIVO (ELOGIAR)	APRENDA A OUVIR
Divulgue-os com muita objetividade.	Faça com muita criatividade.	Não importa quem seja, ouça sempre.

FORMA DE TRATAMENTO DIFERENCIADA	PROVOQUE INTERAÇÃO	SAIBA GERENCIAR
Trate de forma diferente pessoas com naturezas diferentes.	Faça o interfaceamento de assuntos de outras áreas.	A função gerência deve ser multidirecional: vertical, horizontal, diagonal.

QUER TER PODER? APRENDA.

FEEDBACK POSITIVO

- "Gostei";
- "bom trabalho";
- "parabéns";
- "valeu".

APRENDA A OUVIR

- Falar é prata; ouvir é ouro...

TRATAMENTO SOB MEDIDA

Procure identificar os tipos de pessoas e suas prováveis reações:

- lutador;
- sobrevivente;
- gente boa;
- objetivo.

COMO LIDAR COM ELAS?

Eis um detalhamento das características de cada um dos tipos de pessoas.

LUTADOR

Possui características de liderança, mas o nível de relacionamento não é elevado. Consequentemente, essa pessoa obtém resultados às custas de muito esforço (e frequentemente de conflitos). O lutador é movido por ambição e pela busca por poder. Deseja ainda independência e reconhecimento.

ALGUMAS DICAS PARA LIDAR COM O LUTADOR

- Esteja sempre consciente do ego da pessoa, pois ele precisa ser alimentado;
- elogie-a direta ou indiretamente e/ou demonstre interesse em assuntos do gosto dela;
- evite impor suas ideias; limite-se a plantar sugestões, permitindo que a ideia seja do grupo ou da pessoa-alvo;
- pense em termos de benefício para o lutador. De que forma sua solicitação trará benefício para ele?

SOBREVIVENTE

Carece de grandes habilidades de liderança e relacionamento. Como consequência, esse indivíduo procura evitar riscos, procura apenas sobreviver. É comum o sobrevivente evitar assumir responsabilidade e desconfiar dos outros. Essa pessoa sofre de insegurança e tende a se omitir.

ALGUMAS DICAS PARA LIDAR COM O SOBREVIVENTE

- Evite ameaçar o ninho de segurança por ele constituído (procedimentos, arrumação de mesa, *layouts* etc.);
- demonstre os aspectos sólidos da sua proposição, inclusive mencionando a posição favorável de outras pessoas influentes;
- seja persistente, pois essa pessoa possui grande habilidade para se esquivar;
- lembre-se do aspecto benéfico. Qual será o benefício dela em colaborar com você?

O GENTE BOA

É voltado aos relacionamentos entre pessoas, mas não possui características de liderança. Consequentemente, é uma pessoa agradável e fácil de lidar. Porém, nem sempre é dado à objetividade. Esse profissional deseja paz e amor, dando maior peso aos relacionamentos do que aos objetivos.

ALGUMAS DICAS PARA LIDAR COM O GENTE BOA

- Permita o estabelecimento de laços de amizade, pois são muito valorizados pelo gente boa;
- quanto às metas e prazos, procure fixá-los formalmente, por meio de negociação e persistência;
- mantenha um sistema de *follow-up* quanto às metas;
- demonstre claramente o benefício que ele terá se colaborar com você.

O OBJETIVO

Este profissional reúne características de liderança, objetividade e relacionamento. Consequentemente, consegue atingir objetivos dentro de um clima positivo de trabalho. É objetivo e firme em suas decisões e, quando não concorda com algo, consegue se colocar sem irritar os outros. Essa pessoa quer atingir metas e, ao mesmo tempo, está consciente da necessidade do bom relacionamento.

ALGUMAS DICAS PARA LIDAR COM O OBJETIVO

- Evite rodeios: vá direto ao assunto;
- seja racional na sua apresentação;
- levante sempre várias alternativas;
- valorize os aspectos sinérgicos;
- (2+2=5), demonstrando a importância de trabalhar em equipe.

ADMINISTRANDO OS CONFLITOS

O conflito é inerente às atividades da empresa. Existem cinco maneiras de lidar com os conflitos interpessoais no ambiente empresarial. São elas:

1. Retirada ou esvaziamento;
2. panos quentes ou apaziguamento;
3. negociação ou consenso;
4. colaboração ou solução sinérgica;
5. força ou decisão calcada no poder.

Abaixo, mais algumas formas de um gestor lidar com os conflitos dentro da empresa:

- **Seja neutro**

  Ser imparcial é um pré-requisito para que o líder se torne um bom mediador de conflitos. Isso porque, se ele tem uma opinião tendenciosa para um dos lados da história, a colaboração da outra parte será prejudicada. Não é suficiente o líder ser imparcial, ele necessita *ser visto* como imparcial.

- **Reserve um tempo para administrar o conflito**

  É crucial conseguir um compromisso dos participantes para a utilização do diálogo por um determinado tempo. Agora, se a situação não permite um encontro no tempo adequado, ou os participantes se negam a se comprometerem com isso, é melhor que o líder deixe a mediação para outra hora, consciente dos riscos associados.

- **Reúna os envolvidos em um local adequado**

  É fundamental ter um local sem distrações, como uma sala de reuniões. O conflito entre os participantes não é o problema, mas sim o impacto que o ocorrido está produzindo nos resultados da equipe e consequentemente da empresa.

- **Prepare-se para a mediação**

  Existem pessoas com mais aptidão para a mediação do que outras, mas todas necessitam entender o processo e os métodos envolvidos. Não é preciso que o gestor se torne um mediador profissional, o recomendado é que se faça um estudo prévio sobre o assunto e se possível faça cursos que aprimorem suas habilidades em relações interpessoais e gestão de conflitos.

- **Coloque-se no lugar dos envolvidos**

  O líder deve se colocar no lugar das pessoas envolvidas no conflito e avaliar a situação tendo por base acontecimentos diários, fatos e dados. Deve conhecer bem os seus colaboradores, seus pontos fortes e os que necessitam de melhoria. Ser flexível e receptivo aos questionamentos pessoais de cada um dos membros da equipe.

PRINCIPAIS CAUSAS DO CONFLITO

- Falha de comunicação;
- opiniões divergentes;
- conflitos de interesses;
- pressão;
- expectativas diferentes;
- conflitos de personalidades;

- problemas pessoais;
- inexistência do tratamento sob medida (lutador *versus* gente boa *versus* objetivo etc.).

Abaixo, mais algumas causas de conflitos dentro de uma empresa:

- **Equívoco nos processos de contratação**

  Essa falha ocorre quando não se define com exatidão o perfil de funcionários a serem admitidos no corpo da empresa, o que acaba permitindo a contratação de colaboradores com habilidades e filosofias diferentes, o que inevitavelmente gera divergências e conflitos sérios no setor de trabalho.

- **Ausência de liderança**

  A presença de líderes em uma empresa é a principal referência para os colaboradores. Quando estes necessitam de exemplos ou conselhos devem encontrar nos líderes confiança e credibilidade para tomarem suas decisões. A ausência de uma liderança forte deixa os colaboradores desorientados e torna-se um foco propício ao surgimento de conflitos.

- **Falta de treinamento**

  Opiniões e posicionamentos distintos diante de uma mesma situação são muito comuns em uma empresa, mas quando geram conflitos tornam-se prejudiciais na organização dos trabalhos. Torna-se, portanto, essencial, que a empresa desenvolva as habilidades de empatia e comunicação, oportunizando treinamentos constantes nessa área.

- **Problemas no clima organizacional**

Um clima de constante pressão por resultados ou falta de atitudes que promovam um bom relacionamento entre os colaboradores geram um ambiente conturbado e desagradável e por si só conflitante, o que não traz nenhum benefício para a empresa.

- **Mudanças**

Evoluir e mudar para melhor deve ser sempre uma meta de uma empresa, mas é preciso gerenciar adequadamente tal processo. Por exemplo: mudanças gerenciais e implementação de novas tecnologias podem acarretar inseguranças e incertezas nos colaboradores; dessa forma, compete às lideranças gerenciar de forma eficaz tais processos de mudanças.

IMPORTANTÍSSIMO

1. O ideal é lidar com os conflitos em sua fase inicial;
2. o conflito sempre traz benefícios;
3. o conflito pode ser comparado com a dor no corpo humano;
4. o conflito proporciona desafios e motivações para a solução de problemas;
5. o conflito leva à descoberta de novos fatos;
6. a existência do conflito indica que algo está errado.

Sempre que pensar em desistir, lembre-se de que seus sonhos podem ser alcançados no próximo passo que der.

Márcio Mitidieri

ENTENDA UM POUCO MAIS SOBRE ESSE CAPÍTULO DIRETAMENTE DO AUTOR ESCANEANDO AQUI!

Capítulo 17

CONSIDERAÇÕES FINAIS

A Lei da Atração está intimamente ligada à nossa vibração! Neste sentido, devemos estar sempre atentos aos nossos sentimentos – que devem ser bons. É muito mais fácil ter sentimentos ruins, como raiva e preocupação, do que sentimentos positivos de alegria e entusiasmo.

O universo é abundante, e Deus nos criou para sermos felizes, vivermos bem e termos tudo o que queremos! É importante saber que, para o universo, não existe a palavra **não**!

Então cuidado ao estabelecer metas e nunca fale *não*. O universo entenderá que essas coisas não são o que você quer para sua vida.

Na vida empresarial, notei que a principais ferramentas de administração também estão focadas em tangibilizar nosso rumo em pedir para o universo tudo que queremos!

Neste sentido, o primeiro passo é saber o que queremos; ao escrever nossos objetivos, temos de ser muito claros. É nosso planejamento que permite que saibamos se nossa lucratividade paga nossos sonhos e o estilo de vida que queremos ter.

Temos de ter em mente que também não conseguiremos atingir nossos sonhos sozinhos e que, para isso, temos de levar nossa vibração e o que esperamos por meio de:

1. missão;
2. visão;

3. negócios;
4. planejamentos.

E para tornar mais objetivo e claro aonde queremos chegar, temos de usar ferramentas como:

a. planejamento estratégico;
b. definir funções e colocar no organograma;
c. fazer nosso planejamento orçamentário;
d. fechar indicadores.

Só depois de seguir os itens acima é que pensamos em gerência participativa e meritocracia, pois, sem mensurar, não podemos premiar!

Feito isso, temos de ter metas claras; nossos gerentes ou líderes têm de estar cientes e engajados. Lembre-se: você compra esse engajamento, pois, como em um time de futebol, todos estão de olho nos melhores participantes do mercado. Quando você cresce, aparecem os concorrentes para comprar seus melhores jogadores.

Nessa linha de pensamento, como podemos ter um time campeão com jogadores medíocres? Devemos avaliar o desempenho de nossos funcionários sob vários aspectos, como: engajamento, pontualidade, compromisso e resultados.

O departamento de recursos humanos tem um papel fundamental nisso!

Como foi explicado no decorrer deste livro, a empresa que não vende, quebra. Então todo cuidado é pouco! Para que as metas do departamento de marketing sejam atingidas, é necessário um bom planejamento.

Lembre-se: você só vai conquistar seus sonhos se conseguir vender e alinhar todos que estão ao seu redor na mesma filosofia.

Como todos sabemos, somos a média das cinco pessoas com quem mais convivemos. Então redefina sua rede de relacionamentos. Como você pode vencer convivendo com pessoas que trazem menos valor que você? Águia anda com águia, não com pardais.

Sabendo disso tudo, Deus nos deu o livre-arbítrio, a liberdade de escolher o caminho que queremos seguir. Para escolhermos certo, temos de nos livrar de nossos paradigmas e crenças limitantes.

O caminho de empreendedorismo, felicidade e realização pessoal está em nossas mãos, e pode ser mais fácil de ser trilhado se aplicarmos as dicas que coloquei neste livro.

Desejo muita abundância, sucesso e prosperidade a todos!

Gratidão.

Márcio Mitidieri.

Literatura sugerida:

- *O segredo,* Rhonda Byrne;
- *O segredo para jovens,* Paul Harrington;
- *Ponto de inflexão,* Flávio Augusto da Silva;
- *Seja foda!,* Caio Carneiro;
- *Pega a visão,* Rick Chesther.

> Não se esqueça de apostar naquele planejamento esquecido.
>
> *Márcio Mitidieri*

ENTENDA UM POUCO MAIS SOBRE ESSE CAPÍTULO DIRETAMENTE DO AUTOR ESCANEANDO AQUI!

Considerações finais

BIBLIOGRAFIA COMPLEMENTAR

CHESTHER, Rick. **Pega a visão.** 1° Edição. São Paulo: Buzz Editora, 2018.

CHIAVENATO, Idalberto. **Introdução à teoria geral da administração.** 3ª Edição. São Paulo: McGraw-Hill do Brasil, 1983.

DA SILVA, Flavio Augusto. **Ponto de inflexão**. 1° Edição. São Paulo: Buzz Editora, 2019.

KOTLER, Philip; KELLER, Kevin Lane. **Administração de marketing**. 12ª Edição. São Paulo: Pearson, 2006.

BYHAM, William C. **ZAPP! O poder da energização.** São Paulo: Campus, 1992.

DINSMORE, Paul Campbell. **O poder e a influência gerencial.** Rio de Janeiro: COP, 1989.

CATUNDA, Rosângela. **Times de trabalho autodirigidos.** São Paulo: Pioneira, 1996.

PATRÃO, George V. Costa. **Liderança para a qualidade**. Rio de Janeiro: Qualitymark, 1994.

Grupo Editorial
coerência

Esta obra foi composta na fonte ITC Legacy Serif,
tamanho 11,5 pt, e impressa em papel pólen bold 90g/m².
São Paulo, fevereiro de 2021